사장님도
아니야
노동자도
아니야

사장님도 아니야 노동자도 아니야

이병훈 외 지음 · 박진희 사진

특수고용
노 동 자
이 야 기

창비

특수한 노동자들의 이야기 엮기

저는 왜 우리 앞에 '특수'라는 수식어가 붙어야 되느냐. 보통 직장인들
이나 샐러리맨들하고 다르게 우리는 특수고용노동자라고 부르잖아요. 욕
나오려고 하네…… 왜 우리가 특수하죠? (퀵써비스 기사 양용민씨)

우리도 똑같이 노동하잖아요. 왜 특수한데? 사람 만지면 특수한가? (간
병인 김수란씨)

특수한 노동자들은 우리 주위 어디에나 있다. 길거리에서 음료를
파는 소위 '요구르트 아줌마'에서 대리운전 기사에 이르기까지 다양
한 일터에서 적잖은 사람들이 '특고'('특수고용'의 줄임말)라는 생소한
지위에서 일하고 있다. 이들은 특정한 사업주에게 자신의 노무를 직
접 지속적으로 제공하여 그 보수로 생활하고 있다는 점에서, 고용되

어 일하고 임금을 받는 노동자(이른바 임금노동자)의 신분과 실질적으로 유사하지만 우리나라의 현행 법률에서는 노동자의 권리를 인정받지 못하는 애매한 위치에 있다. 보통 이들은 개인사업자 자격으로 일하지만 자영업자같이 자신의 사업을 독립적으로 꾸려가는 것이 아니라 특정 사업주에 종속되어 일한다. 이런 특성 때문에 자영업자로도 (임금)노동자로도 간주받지 못하는 회색지대에 위치하며 '특수'한 고용형태라 불리고 있다. 사실 이러한 취업형태는 오래전부터 존재해왔지만 1998년의 외환위기를 거치며 기업이 기존 정규직 종업원이 수행하던 업무를 '외부화'하여 퇴직 사원 또는 외부 신청자들에게 개인사업의 형태로 수행하도록 하면서 '유사'노동자들이 급격하게 늘어났다. 화물연대와 학습지 교사 등의 파업이 잘 보여주듯이 지난 10여년 동안 제도적 지위와 권리를 보장받으려는 특수고용노동자(이하 특고노동자)들의 집단행동이 연례행사처럼 있어왔고, 이들의 문제 해결을 요구하는 노동계와 시민단체의 목소리가 끊이질 않고 있다. 이제는 비정규직의 한 유형으로서의 특고 또는 특수고용은 생소하지 않은 사회적 이슈이다.

비정규직 상황을 파악한 통계청의 2013년 3월 조사는 특수고용노동자의 수가 약 55만 7천명으로 전체 임금노동자의 3.1%를 차지하는 것으로 보고하고 있다. 하지만 정부의 다른 실태조사는 2010년의 7개 업종을 기준으로 특고노동자가 약 115만명에 달하는 것으로 추산한다. 심지어 국민권익위원회가 2012년 말에 발간한 정책자료는 39

개 직종에 무려 250만명(전체 임금노동자의 약 14%)이 특고노동자로 일하고 있다고 밝히고 있다. 이처럼, 써비스 부문을 중심으로 특수고용형태의 직업들이 날로 확대되고 종사자의 수가 늘어나면서 정부의 공식통계에 파악되지 않은 특고노동자의 규모가 상당하다는 점에 유의할 필요가 있다.

특수고용 일자리를 찾는 사람들의 이유는 다양하다. "사오정 그런 분들이 손쉽게 할 수 있는 일"(퀵써비스 기사 양용민씨)이라서, 또는 가장으로서 "아이들을 대학을 졸업시키기"(채권추심원 김영수씨) 위해, 또는 "기혼 여성들한테 아이를 돌볼 수 있는 시간이 자유롭고 좀 돈이 된다고 생각했으니까"(학습지 교사 정난숙씨), "여자들이 나가서 돈 벌 일이 별로 없는데다, 노후를 생각해"(보험설계사 이정희씨), "택시 노조 해고투쟁을 7년 정도를 하면서 뭔가 벌이는 있어야 하니까"(대리운전 기사 이상훈씨), "여성 가장이 되어 동생들 가르치고 살아야 하니까"(골프장 경기보조원 김경숙씨) 돈을 벌기 위해, 또는 "월급을 탄다"(요구르트 판매원 성정미씨), 즉 안정적으로 돈을 벌 수 있다는 얘기를 듣고 일을 시작한 경우도 있고, "대학원 수료하고 잠깐 머리를 식히려 다른 일을 해보고 싶어서"(방송구성작가 김현주씨), 그리고 어려서부터 "미용 쪽을 하고 싶다는 생각을 갖고 있어"(헤어디자이너 배지은씨) 첫 직장으로 취업한 경우도 있다. 이처럼 대부분이 여느 노동자들과 마찬가지로 생계상의 필요, 돈벌이, 근무조건, 자기 적성 그리고 우연한 계기 등을 이유로 '노동'하고 있는 것이다. 다만 상당수의 특고 일자리가 임금노동을 할 수 있는 조건이나 자영업을 할 밑천을 갖지 못한 여성이나 중년 남성이 손쉽게 나설 수 있는 직종이라는 점이 특기할 만하다. 실제로 통계청의 2012년 조사에 따르면, 특고노동자의 54.4%가 자발적으로 현재의 일자리를 선택하여 일하고 있는 가운데, 이들 일자리의 72.3%가 여성에 의해 채워지고 있다. 연령별 구성을 살펴보면 40대가 39.1%로 가장 많고 23.3%의 30대와 22.6%의 50대가 그뒤를 잇고 있으며 15~29세의 청년층과 60세 이상의 노년층은 각각 8.1%와 7.0%로 상대적으로 낮은 비중을 차지하고 있는 것으로 나타나고 있다.

한편 기업을 둘러싼 환경도 특수고용직의 활용을 더욱 부추기고 있는 듯하다. 써비스산업의 팽창, 정보통신기술의 발달, 기업 구조의 개편 그리고 시장경쟁의 격화 등을 배경으로 기업들은 정규직 중심의 인력 운용 방침을 바꿔 고용구조의 유연화와 다변화를 꾀하면서 비정규직 인력의 활용을 크게 늘렸고, 그 일환으로 특수고용을 다양하게 확대하고 있다. 직접고용된 정규직이 아니므로 노무관리와 사회보장의 부담을 회피할 수 있고 고용유연성과 사업 위험 전가 등 많은 이점이 있기 때문이다.

그런데 특고노동자들은 형식적으로는 개인사업자의 신분으로 자신의 재량에 따라 노동을 제공하고 수입을 올리지만, 실질적으로 거래관계가 불평등한 경우가 많다. 특정 기업에 소속되어 일하다보니 노동조건이 기업의 일방적인 결정에 좌우된다. 또한 임금노동자로서의 법적 지위를 인정받지 못해 노동법이나 사회보장제도의 보호에서 배제되며, 여느 노동자들처럼 회사의 횡포에 맞서 노동조합을 설립하거나 단체행동을 할 수 있는 노동권의 행사가 허용되지 않는다. 그 결과 많은 특고노동자들은 열악한 노동조건과 차별적 처우에 시달리고 있으며 낮은 소득으로 장시간 노동에 매달려야 한다. 2012년 8월의 통계청 조사에 의하면 특고노동자들의 월평균 임금은 정규직 노동자의 65.5%에 그치고 있으며, 이들의 3.8~5.8%만이 국민연금·건강보험(직장가입)·고용보험의 혜택을 받고 있다. 이처럼 특고노동자들은 어떠한 보호막도 없이 노동과 삶의 위험과 고단함을 감당하고 있는 것이다.

이 책은 '특수한' 노동자, 즉 특수고용노동자들의 이야기를 세상에 알리기 위해 기획되었다. 그동안 특고노동자의 실태와 문제 그리고 정책방안 등을 다루는 연구보고서가 다양하게 축적되어왔다. 하지만 특고노동자들의 삶과 노동 현실을 본격적으로 다루며 독자들에게 그들의 노동 세계를 구체적으로 알려주는 대중적 저술은 아쉽게도 거의 없었다. 따라서 이 책에서는 특고노동자들의 삶을 찬찬히 들여다보고 그들이 증언하는 특수한 노동의 면면을 세상 사람들에게 생생하게 전달하고자 한다.

이를 위해 연구팀은 2010년 2월부터 2011년 7월에 걸쳐 11명의 특고노동자를 만나 구술 녹취 및 사진 채록 작업을 수행했다. 연구팀은 기획단계에서 특수고용형태의 대표성과 다양성을 고려하여 11개 직종을 선정했으며, 연구자들의 친지 네트워크와 노동단체 등의 도움을 얻어 이들 직종의 조사대상자를 섭외했고 본인의 동의를 얻어 구술 인터뷰와 사진 촬영을 차례로 진행했다. 연구에 참여한 특고노동자들의 면면을 살펴보면, 성별로는 남성 4명, 여성 7명으로 구성되며, 연령별로는 20대 1명(헤어디자이너), 30대 1명(방송구성작가), 40대 3명(학습지 교사, 화물트레일러 기사, 퀵써비스 기사), 50대 5명(보험설계사, 요구르트 판매원, 채권추심원, 대리운전 기사, 경기보조원), 그리고 60대 1명(간병인)으로 다양한 연령층을 포괄하고 있다. 조사대상의 성별·연령별 구성은 종사자들의 인적 특성을 대체로 잘 대표하는 것으로 판단된다. 원고를 준비하는 과정에서 조사대상자들에게 자신의 이름을 밝혀도 좋을지를 확인하여 이를 꺼리는 4명은 가명으로 처리했으며, 나머지 7명은 노동단체에 직·간접적으로 관여하는 특고노동자들로서 본인의 이름을 밝히는 데 동의했다. 이번 연구에서 특기할 점으로 노동사진전문 사진가 박진희가 연구진의 일원으로 참여하여 사진 채록을 담당해 특고노동자들의 삶을 사진으로 기록하고 전달하려 시도했다. 구술자 중 방송작가와 헤어디자이너는 사진 촬영을 할 수 없다는 의사를 밝혀 아쉽게도 제외했음을 밝혀둔다.

특고노동자들의 이야기를 생생하게 전달하려는 이 책의 의도를 충실히 구현하기 위해 1부에서는 연구진들이 11명의 특고노동자들이 구술한 녹취기록을 꼼꼼하게 검토하여 그들의 생애 궤적부터 현재의 노동 현실과 일터에서의 문제들, 그리고 미래의 소망을 직접 이야기하는 방식으로 서술했다. 이에 더하여, 1부의 각 장 도입부에서는 연구진이 특고노동자들에게 받은 첫인상을 스케치하고 그들의 노동생

애를 요약했으며, 각 장의 말미에 해당 직종에 관한 정보를 간략히 부록했다. 2부에서는 연구진이 녹취록을 종합적으로 검토하여 주목한 다섯개의 키워드——워킹 라이프, 사회적 배제, 주관적 정체성, 착취구조 그리고 희망사항——를 중심으로 차례로 분석적인 코딩과 해석적 논의를 시도했다. 2부의 1장(김종진)에서는 특고노동자들의 노동에서 두드러지는 특징적 단면들을 네가지의 풍속도로 집약하여 서술하고 있다. 2장(홍석범)은 특고노동자들이 일상적으로 경험하는 사회적 배제의 현실을 살펴보고 3장(강은애)에서는 특고노동자들이 자신의 정체성에 대해 겪는 주체적인 혼돈의 모습을 보여준다. 4장(이주환)은 특고노동자들에게 가해지는 부당하고 불합리한 착취의 굴레를 고발하고 있다. 5장(이병훈)의 결언에서는 고용유연화를 통해 노동자의 전통적인 지위와 권리를 크게 허물고 있는 노동시장의 구조변동에 주목하여 특고노동자들의 지위를 보호하기 위한 제도적·정책적·운동적 숙제를 제시하고 있다.

이 책은 인터뷰에 흔쾌히 협력해준 특고노동자들의 도움 없이는 출간할 수 없었을 것이다. 이 책에서 소개되는 11명의 특수한 노동자들은 단순한 조사대상이 아니라 자신의 이야기를 전하는 공동 필자로서 참여하고 있는 것이다. 자신의 삶을 진솔하게 이야기해준 노동자들께 진심으로 감사드린다. 연구기획부터 책의 발간에 이르기까지 3년의 오랜 시간이 걸렸다. 구술내용을 정리하고 분석하는 작업이 기본적으로 많은 시간을 요구하기도 하지만 연구진 역시 일하면서 공부하는 사람들이라 집필이 생각보다 많이 지체되었다. 특수한 노동자들의 이야기를 세상에 알리는 일이 늦어진 점에 대해서는 인터뷰에 응해준 분들께 송구스러울 따름이다. 그럼에도 오랫동안 이번 공동연구를 수행해온 연구진의 노고에 고마움을 전하고 책 발간의 기쁨을 같이하고자 한다. 끝으로 이 책의 출판을 선뜻 받아들여 훌륭한 책으로 만들어주신 창비의 관계자 여러분께도 감사드린다.

2013년 가을

이병훈

차
례

제1부

특 수 하 지 않 은 사 람 들

무수히 반복되는
이 만남들이
의미를 갖기 위하여

정난숙씨를 만나기 위해 찾아간 곳은 서울 소공동 원구단 앞, 재능교육 노조 조합원들이 해고에 항의하기 위해 설치한 천막농성장이었다. 옆에 자리한 조선호텔의 화려함이나 시청 광장의 들뜬 분위기와는 사뭇 어울리지 않는 좁은 천막 안에서, 어색한 첫인사를 나누고 인터뷰를 시작했다. 백여년 만이라는 지독한 장마와 폭우가 몰려오기 직전인 2011년 초여름 어느 오후였다. 40대 중후반이지만 17년 학습지 교사 생활로 다져진 난숙씨의 목소리는 경쾌하고 또랑또랑해 정확하게 귀에 박혔다. 구체적인 사건과 경험을 재료로 하는 그의 이야기는 듣는 이에게 무척 쉽게 전달됐다. 간혹 여러 인물들이 대화하는 것처럼 목소리 톤을 바꿔가며 이야기하는 모습에서는 "사람들과의 만남을 너무 좋아한다"는 그의 성품이 어렴풋이 느껴졌다.

그러나 그가 풀어놓은 특수고용노동자로서의 삶에 관한 이야기보따리 안에는 새로운 만남의 즐거움보다는 경직된 구조로 인한 피로감이 더 많았다. 난숙씨는 점점 더 물질주의적이고 각박해져가는 아이들이나 부모들과의 관계, 인건비는 줄이고 감시와 통제는 늘리려는 회사의 태도, 그리고 특수고용노동자들의 노동조합을 인정하지 않는 경직된 법질서 같은 벽에 부딪히며 쌓인 피로를 호소했다. 그러나 그는 여전히 새로운 만남에 설레어했다. 그런 긍정적인 에너지라면 콘크리트 벽의 실금 같은 틈새에서 작은 새싹 하나 정도는 피어나도록 할지도 모르겠다는 생각을 했다.

갈수록 나빠지는
학습지 교사 노동조건

올해 마흔여섯이고 애들은 둘이 있어요. 학습지노동조합에서 ○○지부장 직책을 맡고 있고요. 결혼 전에는 회사를 다니다가 큰애 돌 지나고 20대 후반에 일을 다시 하려니 기혼 여성한테 적당한 일자리가 별로 없더라고요. 그때가 학습지가 막 뜰 때였어요. 지금 다니는 회사에서 학습지 교사로 일을 다시 시작했죠. 그게 1994년이니까 벌써 17년 전쯤이네요. 당시에는 주 5일제가 아니었잖아요. 그런데 학습지 교사는 출퇴근도 비교적 자유롭고 주 5일 일하면서 월평균 200만원 이상은 가져갔으니 꽤 괜찮은 일자리였죠. 전 지금 노동조합 일 때문에 월요일부터 목요일까지만 일하지만요.

20년 가까이 이 일을 해왔지만 소득은 점점 낮아지기만 하는 것 같아요. 월급이라고 받는 게 학습지 영업해서 받는 수수료인데, 수수료율이 갈수록 떨어지는 거죠. 회사가 선생님들 월급을 낮추면서 이익을 내려고 하니까요. 처음엔 40퍼센트였던 초임 교사 수수료율이 요즘에는 35퍼센트까지 떨어졌어요. 이것저것 부대비용도 늘어났고요. 학습지 가격은 물가 따라 올랐지만 수수료율이 떨어졌으니, 선생님 입장에서는 사실상 소득이 줄었죠. 저희 기본급은 최저임금 수준도 안 돼요. 주 5일 일하고 평균적으로 가져가는 게 요즘에는 한달에 150만원 정도? 어떨 때는 100만원도 가져가기 힘든 씨스템…… 학습지 종류도 워낙 많아졌고, 학원·공부방·과외 같은 게 늘어나서 경쟁이

심해진 거죠.

바쁜 걸음으로
반복되는 월화수목금

수업은 오후 1시 이후에 시작하지만 보통 아침 10시 반까지는 사무실로 가야 해요. 월요일마다 사무실에서 지점 전체 교육을 하고, 또 목요일에는 교재 교육을 하거든요. 화요일이나 수요일에도 무슨 교육이 자주 있어요. 이번 주에는 본사에 가서 '영업력 강화 교육'이라는 것을 받았는데, 아무튼 이번 주에는 매일 일찍 나간 것 같네요. 점심 먹고 본격적으로 일을 시작하고, 퇴근은 저녁 10시에서 11시 사이, 어떨 때는 11시가 넘어서 퇴근해요. 예전보다 훨씬 늦어진 거죠. 예전에는 선생님 일정에 학생들이 맞췄는데, 요즘에는 학생들 스케줄에 선생님이 맞춰야 해서 동선도 길어지고 대기 시간도 불규칙해졌거든요. 저는 하루에 한 30명에서 40명가량 보는데, 많이 보는 사람은 50명 정도를 봐요. 표준 지침은 한 학생당 10분씩이지만, 10분만 보고 나오기가 힘들 때가 많죠.

애들 한명당 교재 한권씩을 들고 움직여야 해요. 부교재나 교구까지 포함되는 경우도 많은데, 그러면 큰 가방 두개에 짐이 한가득이죠. 그런데 많은 선생님들이 대중교통으로 움직이거든요. 정말 어깨가 빠질 것 같지요. 직접 차를 모는 분들은 좀 나은데, 그러면 비용이 더 많이 드니까 대부분은 그걸 하루종일 들고 다녀요. 그리고 저녁식사 시간이면 애들이 집에 몰려와서 제일 바쁘게 움직여야 될 시간이라, 제 시간에 저녁밥은 엄두를 못 내요. 집에 오면 완전히 녹초가 돼요. 그런 일과가 월화수목금, 변화없이 반복되는 거예요.

또 요즘 애들은 현장학습이니 뭐니 많이 가잖아요. 그런 게 있으면 약속 시간을 다시 다 조정해야 하고, 다들 애들 편한 시간에 맞춰달라 하니까요. 그래서 일과 중에 전화만 오면 마음이 불편해요. 아이가 현장학습 갔다, 병원 갔다, 그러면서 시간 바꿔달라는 전화가 대부분이니까.

매월 마지막 주가 되면 완전 스트레스예요. 저희는 매월 말일마다 비용을 정산하거든요. 매달 그만둔 애들 숫자만큼을 채워야 한다는 압박이 있는 거죠. 영업도 해야 하고, 또 엄마들한테 입금하는 걸 잊지 말라고 연락도 해야 하고. 그래서 월말에는 어머니들하고 이야기하느라 10분만 하고 나올 게 20분, 30분으로 늘어나요. 많이 힘들죠. 또 학생들이 월초에 그만두면 괜찮은데, 월말에 그만두면 복잡해지거든요. 선생님이나 사무실에서 대신 입금을 해야 하는 경우도 생기고. 저는 선생님들한테 그런 거를 자기 돈으로 메우지 말라고 해요. 제가 노조를 해서가 아니라, 그런 일에 자기 돈 넣다보면 점점 늘어나기 마련이고, 그러면 선생님이 계속 일하기 힘들어지거든요. 그것 때문에 그만둔 선생님들도 많아요.

요즘에는 채점을 필기구로 학습지에다가 직접 하라는 요구가 내려와서 교사들이 난리가 났어요. 보통은 그냥 눈으로 확인하고 틀린 문

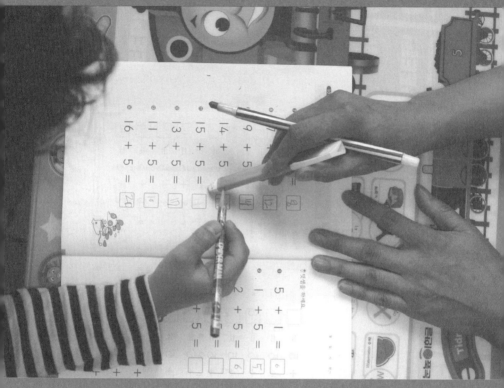

"20년 전 이 일을 시작할 때는 '교육'도 있고 '아이'도 있었어요. 그런데 모두 없어지고 지금은 돈만 남았어요. …… 써비스업에 대한 인식이 많이 바뀌었잖아요."

제를 지적해주고 어머니랑 잠깐 이야기하고 나오거든요. 그런데 이제 눈에 보이게 동그라미, 엑스 표시를 다 치고 엄마한테 확인시켜주라는 거죠. 그러면 업무량이 급격히 늘어요. 이번에 문제가 많이 생길 것 같아요. 그것 때문에.

영업 전략?
엄마들 비위 맞추기

가서 보면 대충 알아요. 애들이 숙제를 잘 해놓으면 계속하는 거고, 몇주 안 풀어놓으면 그만두겠다 생각하게 되거든요. 속으로 얘는 얼마 못 가겠다는 생각이 드니까 스트레스 받고. 교사와 엄마와 아이가 삼위일체가 되어야 한다는 이야기를 많이 하거든요. 그런데 어머니한테 학습지 채점을 해주세요, 아이가 공부를 하는지 확인을 해주세요, 그러면, 공부 안 하는 애들 엄마는 "너 공부 다 해놨지?" 그러고 끝이거든요. 그러고 나서 "너 왜 안 해놨어! 엄마가 하라고 했지!" 하면서 아이하고 엄마 싸움이 시작되는 거예요. 불똥은 결국 선생님한테 튀죠. 선생님 얘가 이렇게 공부를 안 해요, 하고 하소연이 시작되는 거죠. 그러면 저는 "어머니 요즘 아이가 힘들잖아요, 얼마 전에 시험도 봤고……" 이러면서 어머니를 진정시켜요. 그래야 그만두지 않거든요. 엄마들하고 상담을 많이 해야 해요. 사실 성적이 안 좋으면 그만두는 1순위가 학습지거든요. 학원은 쉽게 안 끊어요. 비용 밀리는 1순위도 학습지죠. 그러다보니 엄마들 이런저런 얘기까지 다 들어줘야 해요. 학원 선생님들은 전화로만 상담하는데, 우리는 직접 집으로 찾아가니까 자기 남편 흉부터 별의별 집안 이야기를 다 해요.

그렇게 이야기를 들으면서 우리도 분위기를 살피는 거죠. 특히 엄마는 일하고 아빠는 놀고 있으면 적신호예요, 적신호. 엄마들이 혼자 벌면 아이들 가르치기가 힘들잖아요. 학교에 돈 들어갈 데도 많고. 단순히 애가 열심히 하느냐 안 하느냐만이 아니라, 집안 분위기나 엄마 아빠 분위기도 봐야 하는 거죠. 그리고 요즘은 학습지들이 많고 경쟁이 심하잖아요. 아이한테 뇌물성 선물도 줘야 해요. 공부 잘한다고, 친구 소개했다고 선물을 하나씩 주는 거죠. 예전에는 크레파스나 색연필같이 영업을 위한 아이들용 선물이 회사에서 나왔어요. 이제는 선생님들이 자비로 아이들한테 필통도 사주고 지우개도 사주고 그래요. 그래서 캐릭터 문구 세트를 파는 사람들이 아예 지점에 주기적으로 와요.

하지만 우리 영업의 주타깃은 엄마들이에요. 엄마들 입소문이 가장 효과가 좋거든요. 누가 잘한다더라, 그런 소문이 쫙 퍼지면 회원이 갑자기 늘어나는 경우가 많아요. 영업을 잘하는 교사들은 그렇게 엄마를 잡는 거죠. 어머니, 애는 공부를 이렇게 해…… 그렇게 환심을 사는 이야기들을 하면 이 선생님은 확실하구나, 그런 생각을 하는 엄마들이 있거든요. 그런데 그러다보면 정작 애 공부에는 소홀해지기 쉬워요.

40명 몫으로 쪼개져
사라지는 하루

회사는 우리보고 사업자라고 우기지만, 우리는 다른 자영업자들처럼 오늘은 여기까지만 할래, 하고 마음대로 퇴근할 수 없어요. 만약 그날 약속을 잡았는데 못하면 토요일에라도 나가서 보충해줘야 하죠. 그렇게 하루를 마치면 완전히 파김치가 되죠. 집에 가서는 한마디도 안 해요. 정작 자기 아이들하고는 얘기를 못하는 거죠. 그래서 초등학생 아이를 키우는 엄마 교사들은 많이 힘들어하시죠. 저도 아이들 어렸을 때는 많이 힘들었어요. 이게 광고할 때는 애들 키우면서, 다른 일 하면서 할 수 있다고 하는데, 사실은 그렇지가 않죠.

우리는 학생들 만나는 순서 빼고는 일과를 다 회사에 통제당해요. 무슨 요일에는 나가서 홍보 뛰고 어떤 요일에는 무슨 서류를 내야 하고…… 사무실에서 시키는 대로 해야 하죠. 다른 특수고용직들은 자기가 오더를 안 받으면 안 나가도 되잖아요. 저희는 심지어 그런 것도 없어요. 모든 작업은 다 사무실에서 일정하게 정해준 대로 진행되는 거죠. 시간통제를 스스로 할 수 없어요. 오늘 누구를 가르쳤나 그런 것까지 ERP*에 다 들어가기 때문에 언제든지 센터에서 통제가 가능한 거예요. 그런 거를 힘들어하는 사람들은 못 견디고 금방금방 나가죠.

하루에도 수십회가 넘는 수업에 맞춰 살다보니까, 사람이 단순해

---

* Enterprise Resource Planning의 약자로 흔히 '전사(全社)적 자원관리'라고 한다. 기업 전체의 자원과 정보를 통합해 관리하는 전산 씨스템.

졌다고 할까. 뭐든 빨리빨리 결정하고, 먹는 것도 급해지고요. 짧게 끊어져서 반복되는 일을 하다보니까, 빨리 기억하고 빨리 잊어버리고 생각하지 않아야 할 것은 아예 생각을 안 하고요. 지금 공부를 하는 애들은 이름을 알아요, 근데 그만둔 아이들은 기억이 안 나요. 길을 가다가 아이가 인사를 하는데 이름이 생각나지 않으면 그것참…… 점점 만남이 짧아지고 형식적이 되는 거죠. 요즘에는 특히 엄마들뿐만 아니라 아이들도 선생님들에 대한 태도가 바뀌었기 때문에 교사들도 거기에 맞춰지는 것 같아요.

일을 마치고 집에 들어가서 애들이 숙제 안 하고 놀고 있으면 소리부터 지르게 되는 거예요. 갑자기 화가 나고. 이거 안 했네, 저거 안 했네, 그러면서 화부터 내거든요. 쉬고 싶은데 못 쉬니까요. 그러다가 회원 엄마랑 통화를 하면 목소리가 싹 바뀐대요. 우리 아이들이 엄마는 원래 목소리랑 전화할 때 목소리랑 너무 다르다는 거예요. 아, 내가 그런가…… 아무튼 집에서는 저도 쉬고 싶은데 그게 안 되니까 악순환이 반복되는 거죠.

무한경쟁의 비인간성, 그리고 비효율성

길에서 다른 학습지 교사를 보면 서로 알거든요. 휴대전화랑 가방을 양손에 들고 다니면 대부분 학습지야. 예전에는 서로 인사도 안 했어요. 그런데 저는 이제 노조에서 일을 하니까 괜히 알은척하면서

"선생님, 거기는 어때요?" 하면서 말을 붙여보죠. 그러면 또 의외로 얘기를 잘해주세요. 같이 이야기하다보면 겹치는 학생들도 있거든요. 그러면 걔는 어떻고 쟤는 어떻고 하면서 스트레스를 조금 푸는 거죠. 아마 저도 노조 일 안 했으면 그렇게 못했을 거예요. 사실은 경쟁자들이잖아요. 저희 사무실에 있는 어떤 선생님은 아예 쳐다보지도 않는대요. 학습지 교사 동료가 아니라 경쟁자로 보는 거죠. 회사에서 그렇게 만든 거죠. 저 사람 것을 뺏어와야 내 것이 되고, 내 것은 뺏기면 안 되니까.

홍보를 나가잖아요. 초등학교 입학식이나 졸업식 때 나가서 학습지 홍보를 하면 다른 회사 직원들을 서로 훔쳐보기 바빠요. 어디는 나왔고, 어디는 안 나왔고, 같은 회사 교사들끼리 그런 이야기를 하고 있는 거예요. 서로 홍보물 비교하면서, 어머 쟤네는 저거 주네, 우리가 더 좋은 선물 가져왔어야 했는데, 그런 이야기를 하고. 그러니 가다가 마주쳐도 서로 인사는커녕 알은척도 안 하죠.

이런 건 교사만의 문제가 아니에요. 뭐냐면, 회사에서 정규직들한테도 사업부제를 도입해서 교사를 담당하는 팀장뿐만 아니라 지점장, 즉 국장도 성과에 따라 강등될 수 있도록 해놓은 거예요. 성과가 좋으면 그대로 있고 아니면 내려가라는 거죠. 그러니 서로 자기 것만 챙기고 완전히 질서가 무너져서 막가파식이 되니까, 이제는 국장급은 정직원으로 안정화시켰어요. 말이 안 된다는 걸 안 거죠. 그렇게 성과에 따라 줄 세우는 게 얼마나 비효율적인지 알게 된 거죠. 아마 곧 팀장급도 정직원으로 안정화시키지 않을까 싶어요.

황량한 사회,
아이와 교육이 없는 노동

예전에는 스승의 날에 양말이든 스타킹이든 조그만 화장품이든, 선물을 챙겨주시는 분들이 있었어요. 그런데 2000년대 후반 들어서는 거의 없어지고 있어요. 아니, 아예 없어졌어요. 말이라도 "선생님, 수고하셨어요" 해야 하는데, 스승의 날에도 아무 말도 없고…… 보람을 느낄 수가 없죠. 어떤 엄마들은 회비 3만원 내면서, 선생님이 왜 채점을 안 하느냐, 틀린 문제를 왜 안 고쳐주느냐, 자기가 언뜻 봤더니 틀린 것 같더라, 하면서 바로 본사에 컴플레인하는 경우도 있어요.

예전에는 엄마들이 선생님들을 어느정도는 '교사'라고 생각했거든요. 그런데 지금은 내 돈을 받아가는 사람이라고만 생각하는 거예요. 요즘 써비스업에 대한 인식이 많이 바뀌었잖아요. 학습지에 대해서도 내가 돈을 냈으니까 내 말대로 해야 하고 내 식대로만 해야 한다고 생각하는 것 같아요. 처음 이 일을 시작할 때는 교육도 있었고 아이도 있었어요. 그런데 지금은 아이도 없어지고 교육도 없어졌어요. 단지 돈만 남았어요.

다행히 저는 아주 심한 엄마들을 겪지 않았지만, 문전박대를 당해본 경험이 있어요. 하루는 수업을 갔는데, 아이가 안 와요. 한참을 기다리다가 다음에 다시 오겠다고 하고 자리를 떴는데, 다음 주에 가

보니 문 앞에 "저희 공부 안 할 테니 그냥 가십시오"라고 써붙여놓은 거예요. 제가 신문 팔러 온 사람도 아니고, 정말 당황했어요. 한동안 일을 너무 하기 싫었죠. 그만두려면 하다못해 전화라도 한통 하든지…… 모든 선생님들이 이런 경우를 한번 이상은 겪는다고 봐야죠.

스트레스가 쌓이면, 어떻게든 풀어야 해요. 예전에는 교사들끼리 한달에 한번 만나서 저녁에 술 마시고 교사 모임 하면서 풀었어요. 그런데 요즘엔 너무 늦게 끝나니까 그걸 못해요. 보통 전화로, 서로 친한 교사들끼리, 이랬는데 이랬어, 저랬는데 저랬어, 그러면서 밤 12시 반까지 전화로 얘기하고…… 다음 날도 나와서 전날 있었던 일 가지고 막 수다 떨고, 점심시간에. 오전에는 교육받느라고 얘기할 시간도 없으니까요. 그렇게 푸는 거죠. 함께 수다를 잘 못 떨고 끙끙거리는 남자 선생님들은 주로 팀장들하고 담배 피우면서 푸는 것 같고요.

만남을 통해
의미있는 일을 할 수 있다면!

처음에 이 일이 생겼을 때는 저희를 괜찮은 회사에 다니는 정규직으로 생각하는 분들이 많았어요. 벌이도 괜찮았고요. 일이나 잡무도 많고 영업도 해야 하는데 그런 거는 잘 모르고, 돈도 제법 괜찮고 아이들하고 이야기만 하는 편한 거라고 생각하시는 분들이 많았어요. 그러다가 몇년 지나고 재능에서 처음 노동조합 만들어지고, 여기저기서 천막농성도 하고 빵빵 터지면서 웬만한 사람들은 이게 '스리디

(3D)' 업종이란 걸 알게 됐죠. 그러다보니까 교사로 오려는 사람도 점점 더 없어지고 있어요. 요즘에는 특히 사회 분위기가 변하면서 아이들에 대한 정이나 교육에 대한 열정 같은 것도 없어지니까 더더욱 안 하려고 하는 거죠.

지금 제가 하고 있는 일의 만족도를 점수로 매기라면 한 70점? 돈도 별로 안 되고, 일은 점점 힘들어지고 있으니까요. 회사에서 영업이나 잡무를 떠넘기는 게 점점 많아졌고, 교사들 간 친목은 줄어들었고, 회사에 대한 끈끈한 애정이랄까 그런 것도 없어지고요. 다른 데는 오래 근무하면 점점 월급이 올라가잖아요. 그런데 저희는 회사에서 수수료 갖고 장난질을 해서 월급이 자꾸 내려가요. 40퍼센트였던 게 38퍼센트, 35퍼센트까지 내려갔어요. 그래서 요즘에는 주 5일을 해도 한 150만원에서 170만원 정도만 벌어요. 예전에는 그래도 200만원 이상은 벌었거든요. 이런 거를 바꿔보자고 노조를 시작했는데, 아직 아쉬운 부분이 많네요.

제게 노조는 다람쥐 쳇바퀴 도는 일상에서 뭐랄까, 청량제 같은 거였거든요. 사람들 만나는 거 좋아하는 제가 다양한 사람들을 만나고, 또 그런 만남을 통해서 뭔가 의미있고 옳은 일을 할 수 있다는 희망을 주기도 했고요. 그렇지만 몇년간 노조 일이 어려워지면서 사실 좀 지쳐요. 또 아직은 사람들이 노조를 그저 문제를 해결해주는 용역으로 여기는 분위기도 있고요. 하지만 노조를 통해서 현실을 낫게 만들고 싶다는, 정당한 댓가를 받고 즐겁게 일할 수 있는 분위기를 만들어보자는 초심을 되새기면서 버티다보면, 어떻든 지금보다는 더 좋은 날이 오겠죠?

●

학습지는 사설 학원, 과외 교습소 등과 더불어 한국의 대표적인 사교육 산업의 형태이다. 사교육 기관으로서 학습지 회사는 교재를 제작·판매하는 일부터 방문교사를 통한 개별 학습 지도 등을 제공하고 있다. 특히 거의 대부분의 학습지 회사들이 채택하고 있는 방문지도교사 제도는 학습지 회사 및 산업의 성장에 큰 기여를 한 것으로 평가되고 있다. 방문지도교사, 즉 학습지 교사는 사교육 산업의 일원이며 일대일로 지도한다는 점에서 공교육을 담당하는 학교 교사와 다르며, 회원의 집을 직접 방문한다는 점에서 과외 교습소 및 사설 학원 등의 다른 사교육 종사자와도 구분되는 특성을 갖고 있다.

통계청의 '2012년 사교육비조사 결과'에 따르면 한국의 사교육비 시장은 대략 19조원 규모다. 학생들이 가장 많이 참여하는 사교육은 학원 수강(41.6%), 방문학습지(13.4%), 그룹 과외(10.7%), 개인 과외(10.5%) 인터넷 및 통신 강좌 수강(2.8%) 순이고, 1인당 월평균 사교육비 지출은 학원 수강(12.4만원), 개인 과외(3.3만원), 그룹 과외(2.3만원), 방문학습지(1.1만원) 순이다. 일반 교과 관련 사교육비 지출 중 방문학습지가 차지하는 비중은 약 5.6%이다. 정확히 조사된 바는 없으나 업계에서는 학습지 회사 수를 100여개로, 종사자 숫자는 약 10만명 가량으로 추산하고 있다. 종사자의 절대다수는 여성이다. 한편, 2010년 노동부가 산재보험급여 산정 기준으로 밝힌 학습지 교사의 1년 기준임금은 약 1,611만원이다.

한국의 방문지도교사 제도는 1959년 시작된 일본 공문교육연구회의 학습지 산업을 모태로 하며, 실제 한국에 도입된 것은 1970년대 중반이다. 일본 공문교육연구회가 교사들을 정식 직원으로 채용하지 않고 개인사업자 자격으로 위탁계약을 체결하는 '사업부제도' 형태를 채택한 반면, 도입 당시 한국에서는 교사를 정식 직원으로 채용하는 방식을 택했다. 이후 학습지 회사 간 그리고 다른 사교육 기관과의 경쟁이 격화되면서, 1980년대 후반부터 성과지향적인 노무관리의 일환으로 일본과 같은 위탁사업제도가 도입되기 시작했다. 즉 학습지 교사들의 고정급을 최소화하고 성과에 연동되는 수당을 중심으로 임금체계를 전환한 것이다. 도입 초기 절반가량을 차지했던 위탁사업제는 외환위기 이후에는 절대적으로 지배적인 제도가 되었다.

'가망고지'를
개척하는 삶

보험설계사
이정희씨
이야기

초겨울 찬 바람이 불 즈음 만난 보험설계사 이정희씨는 큰 키에 시원시원한 외모, 그에 걸맞은 거침없는 목소리를 가진 사람이었다. 그녀는 밝은 모습으로 첫인사를 건넸다. 매일 새로운 고객을 만나기 때문에 항상 깔끔하고 단정한 모습을 유지하기 위해 노력한다는 그녀는 노련한 보험설계사. 그러나 그런 그녀도 불과 2년 전, 고객들이 겁나고 무서워 몇 번이고 되풀이해 연습을 하고도 고객의 한마디 한마디에 상처를 받던 시절이 있었다.

낯선 서울에서 수많은 일자리를 헤매다 정착한 보험설계사 2년차. 중년의 여성이 할 수 있는 일이 많지 않다는 것을 뼈저리게 경험한 그녀는 보험설계사 일자리가 고맙게 여겨진다고 했다. 나고 자란 곳에서 오랫동안 전업주부로만 살아왔던 그녀에게 홀로 살아간다는 것이 쉽지만은 않았지만, 이제는 낯선 사람에게 말을 거는 일에 익숙하다.

이듬해 봄 햇볕이 강한 어느날 정희씨를 다시 만났을 때, 화장품 대리점에 들러 물건을 한아름 갖고 나온 그녀는 고급 자외선 차단제 하나를 선물했다. 그녀는 화장품 방문판매원을 겸하고 있다. 화장품은 여성 고객을 개척하는 데 큰 도움이 된다면서, 보험설계사들이 심심치 않게 두가지 일을 동시에 한다는 얘기도 덧붙인다. 두배로 힘들지만, 건강이 허락할 때까지 언제까지고 일할 것이라는 그녀는 '할 일이 있다는 게' 너무나 감사하다고 활기찬 목소리로 말한다.

상경,
그리고 홀로서기

안동에서 나고 자랐어요. 우리 엄마가 새마을운동 때 새마을 지도
자였어요. 새마을 지도자 자녀한테는 간호보조원, 지금은 간호조무사
라고 하는데, 그 학교를 보내줬어요. 대구에 간호보조원 양성소가 있
어서 안동에서 살다가 대구로 갔어요. 거기서 결혼할 때까지 쭉 병원
생활 했어요. 병원에서 일하면서 병원 기숙사에서 먹고 자고, 돈은 버
는 대로 내가 쓰고 그랬지요. 그때는 하려고만 하면 계속 일할 수 있
었어요. 여러가지 조건은 좋았어요. 결혼했어도 경력이 있었기 때문
에 계속 일할 수는 있었는데, 안동이 좀 고지식하잖아요. 아직도 갓 쓰
고 다니는 사람이 있다잖아요. 그래서 결혼하고도 일을 해야 한다는
생각을 하지 않았어요.

스물세살 때 결혼을 하고, 일을 그만뒀어요. 남편은 전자제품을 판
매하는 가게를 하고 있었는데, 그때 석유스토브를 팔 생각으로 창고
에 가득 들여놨는데, 유류파동이 난 거예요. 그때가 1980년도쯤이에
요. 지금 생각하면 부도가 난 거죠. 시부모님하고 같이 살기 힘들기도
하고, 나는 '이때다! 서울에 가야겠다.' 하고 서울로 왔어요. 보증금
100만원에 월세 4만원짜리 원룸으로 왔어요. 그리고 85년에 아들을
낳았어요. 남편이 돈을 벌었고 저는 일은 하지 않았어요. 98년도에 이
혼을 하고부터 일을 했지요.

나이가 들면서는 '공부를 열심히 해서 많이 배웠더라면 살아가는

데 힘이 덜 들었을 텐데' 하는 생각이 들었어요. 결혼을 해서도 돈을 벌었으면 남편하고 동등하게 살 수 있는데 그렇지 않으니까 한참 격을 두고 살아야 하는 것 같고요. 마흔이 넘어서 헤어지니까 너무 힘든 거예요. 이혼을 딱 하고 나니까 경제적인 게 제일 어려웠어요. 일자리를 얻는 게 너무 힘든 거죠. 우리나라에 저 같은 경험을 하는 여자들이 많을 겁니다. 일을 하려고 해도 할 게 없어요. 너무나 할 게 없어요. 그랬을 때, '아, 내가 공부를 많이 했더라면, 내가 무슨 전문적인 자격증을 갖고 있었다면' 그런 생각을 했어요. 그게 한이에요. 대한민국은 아무리 평등, 평등 떠들어대도 결혼하면 여자는 정말 힘들어요. 똑같이 일을 해도 여자는 세배를 해야 해요. 하루종일 일을 하고도 집에 오면 청소하고 빨래하고, 모든 걸 다 해야 하죠.

쉰이 다 되어 정착한
보험설계사

이혼하고서는 닥치는 대로 무슨 일이든 했어요. 그때 많이 어려웠지요. 현실은 참 적응하기 힘들었어요. 그래도 그때는 젊었으니까, 기분에는 '아, 내가 뭘 하든 못 살겠어?' 그랬는데 특별한 기술이 없으니까, 노가다를 해야 하는 거예요. 근데 막상 하려니까 만만하지가 않더라고요. 처음에는 식당에서 써빙을 했는데 석달 정도 하니까 더이상 못하겠더라고요. 밤 9시에 가서 아침 9시에 끝나는 거였는데, 그렇게 3개월을 일했더니 사람이 완전 좀비 상태가 되더라고요. 그래서 '아,

이건 아니다. 사람이 낮에 일하고 밤에 자야지.'라고 생각했어요.

보통 여자들이 하는 노가다는 12시간짜리입니다. 아침 10시에 가면 저녁 10시까지지요. 그후로 동생이 하는 치킨 가게에서 같이 일하고, 아는 사람 노래방에서 카운터를 봐주기도 하고, 친구가 하는 식당에서 주방 일도 하고, 닥치는 대로 했습니다. 그때 죽집이 막 유행하기 시작했는데, 가게를 내보려고 해도 장사가 될 만한 데는 자본금이 없어서 할 수가 없었어요. 그러다 2년 전에 우연치 않게 제가 보험 들었던 분을 만나게 돼서 보험회사에 교육을 받으러 가게 되었어요. 가서 보니까 제 나이가 쉰인데, 전부 다 젊은 사람들이더라고요. 제가 제일 왕언니더라고요. 요즘은 보험 하는 사람들이 20~30대가 많아요. 이제는 완전 전문적인 직업이 된 것 같아요. 예전에는 아줌마들이 많았지만 지금은 아니에요. 대학 졸업하고 바로 오는 사람도 많아요, 금융권에 있던 사람들도 있고. 이제 씨스템 자체도 컴퓨터를 모르면 못 따라가요. 저는 그전에는 컴맹이었어요. 노트에 다 적어놓아도 돌아서면 잊어버려요. 어디에 들어가서 뭐를 클릭하고 이런 것까지 다 적어놔요. 젊은 사람들 틈바구니에서 따라가려니까 몇배를 더 노력해야 하는 거지요.

보험회사에 들어올 때 시험을 봅니다. 시험을 보고 나면 80만원을 준댔어요. 그런데 알고 보니까 합격하면 다시 3개월을 교육을 받는데 그 석달을 합해서 80만원을 준다는 말이더라고요. 그렇게 시험을 보고 교육을 다 마치면 고유코드가 나와요. 그게 나와야 80만원 교육비를 줍니다. 고유코드가 나오는 게 바로 회사에 사업자로 등록된다는 뜻이고요. 그러면 그때부터 일을 시작할 수가 있어요. 그렇게 해서 일을 시작하면 자기 할당 성적이 주어져요. 한달 목표치로 달성해야 할 점수가 주어지는 거지요. 그걸 달성하면 이제는 회사에서 처음 3개월간 매달 80만원씩 '정착 축하금'이라는 것을 지원해줍니다. 문제는 회사가 지정하는 목표 달성량에 못 맞추면 초기 3개월이라 하더라도 자기가 신규로 따낸 보험에 대한 수당밖에 받을 수가 없다는 거예요.

투잡을
시작하다

보험회사에서 3개월 동안 80만원밖에 주지 않기 때문에 교육 기간엔 당장 소득이 없으니까 동시에 화장품 방문판매를 시작했어요. 보험회사 교육받고 시험 보고 '아, 이거 갖고는 안 되겠다. 나는 내가 벌어서 먹고살아야 하는데.' 하는 생각이 들어서, 다른 일을 같이 해야겠다고 결심한 거지요. 화장품 판매도 마찬가지로 개인사업자예요, 자기가 판 만큼 수수료를 받는. 그런데도 회사는 출근을 중요하게 생각을 하거든요. 화장품 회사는 20일 이상 출근을 해야만 출근수당을 받아요. 20만원 정도인데 일수를 못 채우면 아예 못 받는 거예요. 처음에는 화장품 회사에 꼬박꼬박 출근을 찍었어요. 그러니까 너무 피곤한 거예요. 지금은 보험회사에만 출근을 찍고 화장품 회사 출근 채우는 건 포기했어요. 화장품은 물건값에 대한 수수료만 받는 거지요.

화장품 같은 경우는 내가 100만원어치를 팔면 30퍼센트를 수수료로 받아요. 그런데 실제로는 30퍼센트가 안 돼요. 나가는 돈이 많거든요. 회사에서 판촉물을 공짜로 주는 거는 하나도 없어요. 비닐봉지 하나도 50원 다 받아요. 모르는 사람들은 판촉이 그저 나오는 줄 알고 자꾸 달라고 하는데 그건 아니에요. 쎔플 하나도 저희가 다 사서 드리는 거예요. 그래서 말이 30퍼센트지 그렇지 않아요. 거기다 세금도 떼니까 남는 게 별로 없지요. 그리고 화장품은 수금한 것에서 30퍼센트이기 때문에, 외상이 많이 생기면 안 되니까 화장품 값을 나눠 받기도 하고 그래요. 또 카드 긁으면 수수료가 2.7퍼센트 생기는데 이것도 회사가 아니고 우리가 내는 거예요. 고객이 카드 긁는 수수료를 우리가 내는 거지요. 그러니까 회사는 하나도 손해를 안 봐요.

그래도 보험설계사로만은 벌이가 너무 안 되니까 사람들이 투잡을 많이 해요. 나처럼 화장품 하면서 보험 하는 사람도 있고 건강식품 하는 사람들도 있고, 카드 발급해주는 일이랑 같이 하는 사람들도 있고. 상조회랑 같이 하는 사람들도 요새는 많아요. 한가지만으로는 먹고살기가 힘들어요. 두배로 피곤한 삶을 사는 거지요.

시작만 있고
끝은 없는 일과

아침에 6시 반에 일어나요. 화장품 회사는 출근 지문을 찍어야 하고 보험회사도 컴퓨터에 로그인을 해야 출근이 인정됩니다. 7시 50분에 집을 나서서 화장품에 먼저 출근 지문을 찍고, 바로 보험회사로 가서 출근 체크를 해요. 보험회사에서는 8시 40분까지 출근하라고 합니다. 한달 출근에서 70퍼센트 이상 체크해야 출근수당이 지급되고요.

보험회사 가서 출근 체크하고 조회 서면 9시 반 정도가 돼요. 그러면 이제 본격적으로 활동을 시작하지요. 오전에는 화장품 물건 뗄 것이 있으면 가서 물건 실어오고, 아니면 사무실에서 업무를 보죠. 오후에는 대부분 고객을 만나고 아니면 '가망고지'를 찾아가고(새로운 고객을 찾아 '개척'을 나가는 것). 일 끝나는 시간은 대중없어요. 알면서도 사무실에서는 5시에 귀소하라고 해요. 들어와서 낮에 활동한 걸 보고하고 실적 점검하고 그러는데, 워낙 사람들이 안 들어오니까 그것도 점수에다 넣겠다고 하더라고요. 그런 것 때문에 스트레스를 많이 받지요. 그리고 한달 시작하면 새로 실적 내는 걸 '가동'이라고 하는데 가동이 늦어지면 불러다가 교육을 시켜요. 오늘도 가동 없는 사람들 회사로 모이라고 문자가 왔어요.

처음보다는 나아졌지만, 아직도 끝나는 시간은 대중없어요. 어제도 밤 10시에 집에 들어갔어요. 늦게까지 일하는 사람도 있으니까 조용히 만나서 이야기하려면 늦은 시간에 만나야 해요. 사람을 많이 만나야 하는 직업이기 때문에 저녁에도 부르면 가고, 밤늦게까지 같이 밥 먹고 노래방까지 같이 가서 놀아주는 경우도 있고, 멀어도 직접 찾아가야 하고요. 보험 처음 시작했을 때는 밤 12시 전에 끝난 날이 거의 없었어요. 그래도 그전에 했던 다른 일보다는 시간을 나눠서 쓸 수도

보험 사무실에 출근을 하면 하루 일과를 정하고, 고객들에게 전화를 한다. 그리고 다시 거리로 나선다. '가망고지'를 찾아 '개척'을 하러.

"더군다나 보험을 계약하고 나면 그만인 게 아니고 인사, 사례를 해야 해요. 조그만 선물도 가져가고 밥을 사기도 하고."

있고 조건이 더 낮다고 생각해요. 그렇지만 이건 항상 (새로운 고객을) 개척해야 하기 때문에 오히려 늘 그 생각을 하게 되죠. 처음에는 누굴 만나면 어떻게 이야기를 건네나 그런 생각을 하니까, 계속 일 생각을 하는 거예요.

요새는 사람들이 너무 바쁘니까 고객을 주말에도 만나요. 남자 고객을 만날 때는 더욱 곤란한 일이 많아요. 친구가 소개해준 택시 회사 사장이 있었는데, 화장품을 사겠다고 와보래서 가지고 갔어요. 그다음에는 바디용품을 사겠다고 해서 또 만났죠. 사실은 차를 가지고 가기 때문에 멀리까지 한두개 판매하러 가면 남는 게 없어요. 그래도 오라고 하면 가야 하니까 가지요. 그런데 그러다보면, 밥을 먹자고 해요. 기분은 별로지만 같이 먹어요. 남자들이 참 웃기지요. 밥 한두번 먹고 나면 모텔 앞 지나가면서 '저기 쉬었다 가자' 이래요. 그런 걸 참아야 된다는 게 어렵죠. 그런 걸 다 혼자 해결해야 하는 거고요. 요즘은 인식이 많이 바뀌었다고는 하지만 나이 든 사람들에게는 아직도 보험 아줌마는 '쉬운 여자'예요. 그래도 어쨌든 만나자고 하면 저녁에도 만나고, 주말에도 가끔 만나기도 하고, 멀어도 가야 해요. 나는 일을 해야 하니까 그렇게 안 할 수가 없어요. 더군다나 보험을 계약하고 나면 그만인 게 아니고 인사, 사례를 해야 해요. 조그만 선물도 가져가고 밥을 사기도 하고. 계약하고 인사가 없으면 오해를 하고 해약하는 사람도 많아요, 의외로. 그런데 보험은 한달 넣고 두달째 유치가 안 되면 우리가 굉장한 손해를 보거든요. 수당을 나눠서 받으니까 수당도 없어지고, 다음 달 점수를 유지하려면 두배를 해야 하는 거예요. 그러니까 고객 관리하려면 제 시간, 제 생각을 챙길 수가 없어요. 항상 고객 스케줄에 맞춰야 하는 거죠. 그런 게 힘들죠.

절대 이길 수 없는
상대이기 때문에

회사에 불만이 있어도 이야기할 수가 없어요. '회사에서 그렇게 규정해놨으니까 싫으면 안 하면 된다'라는 거지요. 우리는 회사에 소속돼 있는 식구도 아니고, 따지고 보면 개인사업자고 회사의 인프라를 빌려 쓰는 것뿐이라고 생각을 해서, 언제든지 싫으면 그만두라는 거예요. 그러면서도 지점 운영은 우리가 일을 해야 유지가 되니까 그럴 때는 소장을 달달 볶아서 우리를 닦달하게 만들어요. 목표량을 채우라는 거지요.

지사에서도 영업실적이 좋아야 하고 우리도 점수를 쌓아놔야 벌이가 보장되니까, 목표를 정해놓고 팀장이 막 쪼는 게 있어요. 예를 들면 자동차손해보험 200만원, 장기보험 30만원 이런 식으로 목표치가 있어요. 그러면 5만원짜리 (장기보험인) 운전자보험을 하면 30만원 채우려면 여섯개를 해야 하지요? 그게 쉽지는 않지요. 일이 끝나면 팀장한테 얼마 했는지 보고를 해요. 팀장이 막 돌아다니면서 물어보기도 하고. 달성했을 경우에는 성과금을 줘요. 그걸 모아놨다가 팀 회식에도 쓰고 그러지요.

하지만 우리는 개인사업자예요. 보험회사 소속 직원이 아니기 때문에 어디처럼 노조가 있는 것도 아니고 개인별로 있을 때는 누가 불만을 말해도 못 들은 척하고 넘어갈 수밖에 없잖아요. 쉽게 얘기하면 나는 여기서 살기 위해 일하는데 쓸데없이 불평불만하는 사람들에게 휩쓸리기 싫다고 생각하는 부분도 있는 것 같고요. 사실 회사는 이길 수 있는 상대가 아니라는 거, 절대 이길 수 없는 상대지요. 개인 입장에서 부당한 게 있으면 그만두는 방법밖에 없어요. 그만두면 나머지 수당, 이런 게 전부 끊기고요. 내 실적에 대한 수당도 절대 받을 수 없어요.

회사에서는 고객 말고도 '도입'(보험설계사를 새로 들이는 일)을 아주 중요하게 생각해요. 그래서 만날 '도입! 도입! 도입!' 그래요. 보험설계사가 많아야 보험회사가 클 수 있잖아요. 금방 그만둔다 하더라도 자기 수입을 위해서 단 몇건이라도 실적을 남기거든요. 그러면 그만두더라도 회사는 절대 손해가 아니지요.

또 보험 새로 가입하면 프라이팬 주고 뭐 주고 그러지요? 그런데 그런 거 절대 회사에서 나오는 거 아니에요. 선물도 제가 알아서 다 사서 드리는 거예요. 보험회사 로고 찍혀 나오는 판촉물을 인터넷으로 신청해서 우리 돈 주고 사요. 약관하고 보험설명서 같은 것만 회사 것이고 케이스 같은 것들은 다 2000원, 2500원 주고 사는 거예요. 회사는 조금이라도 손해 보는 게 없지요.

그리고 보험설계사가 혼자 하는 일이다보니까 모여서 토론을 하거나 그러지 않아요. 그럴 시간 있으면 나가서 영업을 해야 하니까요. 아침 미팅 시간 지나면 누가 나갔는지 누가 들어왔는지도 몰라요. 모인다고 해도 가끔 팀 회식하거나 점심 먹는 게 전부고요. 그럴 때도 자기 가정사 얘기는 해도 회사에 대한 불만 같은 거는 말하지 않아요. 솔직히 우리 같은 사람들한테 노동조합 같은 건 어려운 것 같아요.

진심을 다해
일할 수 있다는 것

　피곤하고 지치지요. 나이를 먹으니까 우울하기도 해요. 지금은 노후까지 생각할 여유도 없고. 지금 당장 먹고살기 위해서 일을 해야 하니까. 어쨌건 돈을 벌어야 하니까 일해야 하는 거고, 기왕 하는 거 즐겁게 하자고 생각해요. 여러가지 힘든 점도 있지만, 일반적으로 여자들이 할 수 있는 일을 생각하면 그래도 좋은 직업이라고 생각하고 지금 일에는 어느정도 만족해요. 식당에서 하루종일 접시를 닦아도 열두시간 일해서 그나마도 잘 주는 데가 한달에 130만원을 줘요. 보험은 열두시간 꼭 매여 있는 것도 아니고, 아침에 출근하고 나면 어느정도 시간을 활용할 수 있으니까요. 현재로서는 만족합니다. 물론 어려운 점이 있지요. 처음에는 아는 사람 앞에서 상품 설명을 하려고 하면 쪽팔리고, 거절당하면 상처를 입고, 포기하는 사람도 많아요. 보험설계사들은 고객을 만나러 갈 때 집에서 연습을 해가요. 설명을 잘하기 위해서 대본 외우듯이 준비를 많이 해가거든요. 이 사람이 가입할 거라는 희망을 갖고 연습해서 만나면 안 그런 척하고 설명을 해도 등에서는 땀이 나지요. 그런데 가입할 것 같았던 고객이 결국 안 한다고 하면 힘이 쏙 빠져요.

정말 진심으로 내 딸 것을 설계하는 것처럼 분석해서 설명을 했다는 것이 전달됐으면 좋겠다는 마음을 가지고 얘기하고 노력해요. 진심은 통하잖아요. 설명도 중요하지만 저 사람 마음에, "그래 저 사람 진짜 나를 위해서 이렇게 할 수 있는 사람이구나" 하고 가닿도록 노력을 많이 해요. 억대 연봉은 못 되더라도 지금 열심히 고객을 만들어서 욕심내지 않고 남한테 돈 빌릴 정도만 안 되게 벌고 싶어요. 많이 벌 욕심은 없지만, 열심히 일해서 내가 돈을 벌 수 있다는 게 짜릿하고 좋고요. 떨어질 데까지 떨어졌다가 올라가고 있다고 생각하기 때문에 '앞으로 희망만 있지, 절망은 없을 것이다' 그런 생각으로 살아요. 그래도 몸이 힘들지 않게 일하고 있는 게 다행이라고 생각하면서······

●

한국에서 보험설계사는 1970~80년대, 무자본·무경험·무학력에도 가능한 직종으로 저소득층 여성들의 생계형 일자리로 인식되면서 소위 '보험 아줌마'라는 말을 탄생시키며 등장했다. 90년대 들어 보험 시장이 확대되면서 한때 44만명에 달하는 보험설계사가 활동하기도 했으나 IMF 구제금융 이후 그 수가 감소하고 2000년대 접어들어 외국계 보험사들의 판로 확대 등 보험업계의 질적 변화에 직면하여, 종사자들의 성격도 변화했다. 주로 여성이었던 보험설계사의 성비 구성은 외국계 보험사를 중심으로 남성 보험설계사가 증가했으며 고학력 종사자들이 늘어났고, 30~40대의 진입으로 연령대도 다이아몬드형 구성을 보이고 있다. 또한 관련 법들의 제정 및 개정으로 다른 금융 상품과의 조합이 가능해지면서 판로가 다양해졌으며, 비대면 판매 방식의 확대 등으로 다양한 변화를 보였다. 현재는 약 22만명의 보험설계사가 활동하는 것으로 추정된다. 또한 보험모집인이라 불리던 명칭은 2003년 보험업법 개정으로 보험설계사로 통일되었다.

기본적으로 보험설계사는 법인 또는 개인에게 자동차·생명·화재·재산 등과 관련된 보험을 판매하는 것을 주업무로 하며 생명보험설계사와 손해보험설계사 그리고 제3보험설계사로 구분된다. 보통은 하나의 보험회사에 등록되어 활동하고 다른 보험회사의 보험을 모집하지 못하도록 되어 있으나, 특정 자격을 갖추어 여러 보험회사와 계약을 체결한 독립보험대리점에서는 고객을 대리해 여러 회사의 보험 상품을 비교한 후 보험 상품을 판매하기도 한다. 적합한 보험 상품을 찾고 옵션을 취사선택할 수 있도록 고객과 협의하여 계약을 체결하도록 한다. 이 과정에서 필요한 서류를 준비하고 제출하는 것 또한 보험설계사의 일이다. 보험설계사는 보험계약 체결 이후에도 고객을 관리하는데, 계약이 유지되도록 후속 관리를 하기도 하고, 고객이 보험 수급을 필요로 할 때 관련된 상담을 진행하기도 한다.

보험설계사가 되어 보험 영업을 하려면 보험설계사 시험에 합격하고 생명보험협회나 손해보험협회에 등록하여야 한다. 학력의 제한은 특별히 없으나 점차 대졸자의 진입이 증가하고 있다. 보험설계사의 임금은 자신이 판매한 보험에서 일정 비율의 수수료를 할당받는 형식이다. 한국고용정보원의 '2013 한국직업전망'에 따르면 보험설계사의 연평균 소득은 4700만원 정도이나 철저히 개인의 성과에 해당하는 수수료를 받는 형식이기 때문에 편차가 매우 크다.

대부분의 보험설계사들은 하나의 보험회사에 전적으로 매여 있기 때문에 사용종속성을 인정해 2008년 7월 4대 특수고용노동직(보험설계사, 레미콘 기사, 골프장 경기보조원, 학습지 교사)으로 산재보험을 적용받을 수 있게 되었으나 실제 적용 사례는 매우 적어 유명무실한 제도라는 평가를 받고 있다.

요구르트 판매원 ● 성정미씨 이야기

평생을 수수료 받는
일만 해왔어요

요구르트
판매원

**성정미씨
이야기**

●

그녀를 처음 본 건 마을버스 안. 마을버스를 타고 지나다 문득 창밖을 보자 성정미씨가 있었다. 한여름, 그녀는 동네의 한의원 앞에 요구르트 전동차를 세워놓고 그늘에서 쉬고 있었다. 비가 오거나 바람이 부는 날은 한의원 입구에서 몸을 피한다. 한겨울 폭설에도 그녀는 쉬지 않고 언제나 웃으며 요구르트를 권한다. 처음 만나던 날, 그녀는 힘겨웠던 지난날을 이야기하며 눈가를 붉혔다. 중학교 졸업 후 줄곧 일을 해온 그녀는 오랫동안 살아온 동네에 작은 집을 마련했다며 미소를 짓고, 게임에 빠진다 큰 아들 걱정을 하며 근심 어린 표정을 보였다.

정미씨는 올해로 요구르트 판매원 8년차다. 특수고용직이 무엇인지 들어보지 못했다고 하지만, 정작 그녀는 결혼 이후 지금까지 줄곧 특수고용직에만 종사해왔다. 우유 배달로 일을 시작해 보험설계사, 각종 방문판매를 거쳐 지금 요구르트 판매원에 이르렀다.

그녀의 노동은 우리 사회의 잘 보이지 않는 곳에 있다. 그녀는 아침 8시에 일을 나와 오후 5시까지 동네를 골목골목 누빈다. 동네 사람들에게 얼굴이 익은 그녀는 종종 주민들과 점심식사를 나눠먹기도 한다. 그녀가 사는 동네는 모두 그녀의 일터가 되었다. 일요일이나 공휴일을 제외하고는 성정미씨는 쉬지 않는다. 매일매일 자신을 기다리는 고객들의 집 앞 봉투에 약속된 만큼의 요구르트를 배달한다. 지난해 폭설에도, 올해 줄기차게 내린 폭우 속에도, 그녀는 언제나 그곳에 있었다.

우유 배달로
일을 시작하다

집이 넉넉하지 않으니까 중학교까지 다니고 졸업하자마자 Y피아노에서 일했어요. 피아노 조립 맨 마지막 단계에서 일하는 거였어요. 일을 4년 정도 하고, 남편을 만났어요. 결혼식은 못하고 우선 같이 살기 시작했어요. 그러고는 살기가 어려우니까 일을 좀 해봐야겠다, 해서 제가 우유 배달도 해보고, 알로에 판매도 한 2년 정도 했고, 생명보험회사도 6~7년 다녔어요. 그리고 지금까지 요구르트 배달을 8년째 하고 있어요. 남편 만나고 지금까지 그냥 놀지는 않았던 거 같아요.

(결혼 후에) 가장 처음 한 일은 우유 배달이에요. 그전에 원래는 요구르트 배달을 하려고 교육도 받고 준비하고 있었는데 근처에 자리가 나지 않았어요. 일하려는 사람이 많았던 건지, 아니면 그냥 자리가 안 났던 건지는 잘 모르겠어요. 자리가 나길 기다리고 있었는데 동네에 우유 넣는 아줌마가 언제 자리 날지 모르니까 우유 한번 해보라고 해서 시작한 걸, 거의 4년은 했던 거 같아요.

우유 보급소가 여기 근처 시장에 있었어요. 보급소에서 제가 사는 동네에 우유를 새벽에 갖다주면 그걸 받아서 배달을 하는데, 새벽 4시 반, 5시쯤에 나가서 아침 9시 정도까지 배달을 했어요. 그때도 카트로 배달하는 거는 지금과 똑같아요. 지금 제 카트는 자동이지만 자동은 이런 평지에는 안 줘요, 고지대에만 주고. 만약에 평지인데도 원하면 한달 사용료를 내게 돼 있어요.

그렇게 일을 하다가 결혼 날짜를 잡았는데, 결혼 얼마 전에 길 건너다가 사고가 났어요. 교통사고가 가볍게 나서 아마, 머리를 한 대여섯 바늘을 꿰맸던 거 같아. 그러고는 일을 자연스럽게 잠깐 쉬게 되면서 그만뒀어요. 그만둘 때도 퇴직금 같은 건 없었어요.

우유 배달도 자기 판매 수수료를 받는 거예요. 보통 다른 우유 회사는 재정보증금*이라는 걸 받아요. 우유가 돈푼 얼마 안 되는 거 같아도 많이 파는 사람은 거의 한달에 칠팔백, 천까지도 팔아요. 그러다보니까 현금 문제가 있어서, 재정보증금을 내라는 곳도 있었어요. 지금은 어떤지 모르겠네. 내가 한 데는 그걸 안 받았던 거 같은데, 그때 다른 우유 회사는 다 재정보증금이 있었다고 하더라고요.

우유 배달원에서 보험설계사로

우유 그만두고서 보험회사를 갔어요. 결혼식 하고 좀 쉬면서 또 계속 쉴 수 없으니까 일자리를 좀 알아봐야겠다고 생각하고 있는데 D생명 다니는 어떤 보험설계사 아줌마가 우리 집에 보험 들라고 온 거예요. 보험은 안 들었어요. 그때 보험이 별로 인식이 안 좋았어요. 보

* 우유 배달 등을 포함한 배달 및 영업직 중 노동자가 직접 수금을 하는 직종에서 현금 손실을 예방하려는 목적으로 취업 시 노동자에게 재정보증을 요구하는 경우가 있다. 성정미씨의 구술에 따르면 과거 우유 배달에 종사할 경우 100~200만원 정도의 재정보증금을 요구하는 영업소가 많았으며, 심한 경우에는 권리금을 요구하는 곳도 있었다. 점차 이러한 문제는 사라졌지만, 현재도 재정보증인을 요구하는 업소가 있다.

장을 해준다고 해놓고 보험금을 안 주는 경우가 있었고, 또 보험회사 다니면 안 그런 사람도 있지만 거의 뭐 80~90퍼센트는 바람난다, 이런 인식이 있었어요. 또 보험회사 다니면 빚진다는 말도 많았어요. 그래서 보험은 안 들어도 커피 한잔 드릴 수 있다고, 그러다가 친해져서 그분 권유로 보험회사에 들어가게 된 거예요.

보험 새로 발굴하는 거를 개척이라고 하는데, 우유 배달도 하고 그랬으니까 동네 다니면서 개척해서 실적도 많이 냈어요. 그때 아는 이발소 하시는 분이 120만원짜리 적금을 들어주셔가지고, 그때 돈으로 엄청 큰 거거든요. 또 사람 데려가는 것도 중요하거든요. 애기 엄마들, 아는 사람들 데리고 가면 저보다 더 실적을 많이 내는 엄마들도 있으니까. 나는 그때는 그냥 중간만, 욕심 안 내고 하려고 했어요. 가짜로 실적 올리기도 하는데, '가라' 계약이라고 하거든? 그런 거는 안 했어요. 그리고 6년 정도 하다 1999년에, 그때쯤 그만뒀어요.

그만두게 된 건, 보험 가입할 때 가입설계서라는 게 있어요. 그거를 컴퓨터로 했거든요. 그 가입설계서라는 걸 컴퓨터로 자료를 빼는 게 쉽지가 않았어요. 다 해서, 뽑아서 고객에게 갖다줘야 하고…… 하긴 했는데, 잘 못하겠더라고요. 그때도 나이 든 사람은 못하고 다른 사람한테 해달라고 하고, 저도 물어봐가면서 하고 그랬는데, 그런 것도 힘들고. 또 이제 6년이면 어느정도 다닐 만큼 다닌 거죠. 왜냐하면 판매 쪽은 인간관계가 장사 밑천이거든요. 그러니까 아는 사람이 많아야 돼. 그렇지 않으면 개척을 정말 열심히 해가지고 그걸로 실적을 올려야 하는데, 그게 쉬운 게 아니거든요. 그러니까 그런 면에서는 힘들고. 그래서 그만두는 동기도 좀 있었어요.

방문판매,
수금이 어려워요

그렇게 또 쉬다가 다시 일을 해야 하니까, C알로에 다니게 됐어요. 그것도 누구 소개로 가게 됐어요. 식품도 있고, 화장품도 있고. 그것도 방문판매예요. 그것도 처음에 개척을 못하거나 못 팔면 월급이 전혀 없어요. 거긴 원리가 다단계랑 비슷해요. 판매 수수료도 있고 또 제가 누구를 데리고 가면 그 사람이 판 거에서 얼마를 떼주는 게 있어요. 거기는 나이 드신 분들이 많았어요. 저는 젊은 축에 속해서 팀장 같은 거를 했지요. 근데 거기 상품은 단가가 세니까 수금이 쉽지 않아요. 그때는 수수료가 30퍼센트였던 거 같아요. 그 비율은 안 올라요. 무조건 그냥 자기 판 거에서 20~30퍼센트만 받는 거죠. 식품 같은 경우는 15만원, 30만원 이러니까 단가가 비싸서 방문판매하기도 쉽지는 않아요. 손님이 '지금은 돈이 이것밖에 없는데' 그러면 돈을 나눠서 받기도 해요. 만약에 30만원이다 그러면 한꺼번에 돈을 안 받고 나눠서 받는 거죠. 저도 회사에 돈을 내야 하는데, 마음이 약해서 말을 못하겠더라고요. 돈을 줄 때가 됐는데 안 주시거나 없다고 하면 지금 주셔야 한다고 말을 해야 하는데 못하고, 줄 때까지 기다리다보면 제 돈으로 해야 할 때도 있고 그런 거죠. 가서 돈 달라고 말하기가 좀 그러니까요.

그렇게 알로에를 하는데 알로에 사무실에 요구르트 옷 입은 아줌마가 가끔 오시더라고요. 그때 '아, 알로에는 내가 많이 팔아야지만 내 소득이 되는 건데, 월급을 받는 일을 했으면 좋겠다. 이건 아니다.'라고 생각하고 있었는데, 그분이 요구르트 해볼 생각 없느냐고 해서 면접 보고서 하게 됐죠. 그 아주머니는 보니까 요구르트도 하고 알로에 판매도 하고 그런 거 같았어요. 원래는 그러면 안 되는 건데, 돈을 벌어야 하니까 두가지를 하신 거 같아요. 저도 알로에 하면서 판매도 어렵고 월급이 얼마 안 되니까 다른 일을 생각하게 된 거죠. 알로에는 출근일수만 정해져 있어요. 20일인가는 출근을 해야 해요. 출근시간도 정해져 있고요. 아침에 출근해서 다 같이 팀원들이랑 체조도 하고 그래요. 대신에 퇴근시간은 정해져 있지 않아요. 그런데 요구르트는 매일 출근해서 배달을 해야 하죠. (요구르트가) 고정적으로 월급이 있다고 생각을 해서 옮긴 거예요.

비가 오나 눈이 오나
일해야 해요

이거는 기본급이라기보다 고정 배달에 대한 값을 줘요. 그래서 다른 것보다는 그나마 좀 수월한 점이 있죠. 그런데 그게 그렇게 많지는 않아요. 제가 8년 전에 맨 처음 들어갔을 때도 월급이 70~80만원? 그것밖에 안 됐어요. 우리가 (길에서 판매하는 것을) 유동이라고 하거든요?

성정미씨가 오랫동안 일해온 구역은 2010년 재개발이 시작되어 영업점이 '지정해준' 다른 구역으로 옮겨
야 했다. 그녀는 또 다시 한결같이 자기 자리를 지킨다. 언제나 그래왔던 것처럼.

유동까지 해서 한달에 월급이 70~80만원 정도 되는 거예요. 고정 배달만이 아니라 유동까지 해서요.

처음에 들어가면 구역을 정해줘요. 배달로는 한계가 있으니까, 수수료를 더 올리기 위해서는 판촉도 해야 하고요. 한가구라도 더 넣으면 그게 나한테 떨어지는 수당이니까. 그전에는 판촉사원이 따로 있었어요. 근데 지금은 없어요. 처음에는 그런 것도 모르고, '이렇게 해서 한달에 월급 얼마 되나보다'라고 생각했죠. 잘하고 못하고보다 그냥 어느정도 해주는 건 줄 알았어요. 그랬더니 그게 아니더라고. 집집마다 제품만 전달해주고 끝나는 건 줄 알았지 이렇게 길에서 파는 거는 생각을 못했던 거야. 처음에는 그냥 자유롭게 배달만 하고 일찍 끝내고, 교회 다니니까 교회 봉사 좀 하고, 시간이 자유롭겠다는 생각을 했어요. 근데 그게 아니더라고. 하나라도 더 팔아야 나한테 수당이 떨어지고 그런 거니까, 될 수 있으면 시간을 안 비우려고 하지요.

하루하루 타오는 제품은 판매 노트에 기록을 해갖고 한달 가지고 간 거 총 얼마, 거기에 매출을 얼마, 한달분을 완납한 다음에 이튿날 수수료를 받는 거죠. 지금 수수료는 20퍼센트 조금 넘어요. 길에서 일하는 거치고 돈 백만원이면 그렇게 많은 수입은 아니에요, 사실은.

아침에 아무리 늦어도 8시까지는 와야 해요. 제품을 챙겨야 하니까. 준비하는 데도 시간이 걸려요. 그러면 9시 정도 돼서 각자 구역으로 흩어져요. 그렇게 시작해서 저녁 5시나 6시쯤에 마감을 하죠. 토요일도 일하고요. 우리는 주일, 국경일 그리고 명절 이렇게만 쉬어요. 많이 팔아야 하니까요. 저희 시아버지 돌아가셨을 때도 오후에 나와서 고정을 배달하고 돌아간 적도 있고요. 제가 혈압이 없는데 한번은 혈압이 생겨가지고 오후에 잠깐 나와서 집집마다 넣는 고정, 그것만 전달해주고 들어간 적도 있어요. 내가 만약에 내일 무슨 볼일이 있다 그러면, 미리 배달해주는 경우도 있고, 갑작스럽게 못 나올 경우에는 뭐 어쩔 수 없지요. 그러면 그날 거는 못 주는 거고 판매도 없는 거고 수입도 없는 거죠. 작년에 눈이 엄청나게 많이 온 날이 있었지요? 그날도 일했어요. 정말 힘들었어요. 전동차가 눈 때문에 굴러가지를 않고 언덕길이 다 얼어서 걸어다니면서 배달했어요. 또 하필 그때 전동차가 고장나서 수리 맡기고 수동 카트를 끌고 다닐 때였거든요. 카트가 전혀 앞으로 안 나갔어요. 비 오는 날도 마찬가지예요. 카트가 두 손을 다 대야만 움직이게 돼 있어요. 그러니까 우산을 쓸 수가 없어서 우비를 입고 일해야 해요.

오백만원 팔고
백만원 벌어요

저는 한달이면 오백만원 정도 팔아요. 그리고 거기서 수수료로 받는 돈이 평균적으로 백만원 선이에요, 저 같은 경우는. 아무래도 음료니까 겨울에는 수입이 좀 줄기는 하지만 고정으로 넣는 거는 별 차이가 없어요. 많이 파는 사람이나 적게 파는 사람이나 수수료 비율은 똑같아요. 어쩔 수가 없어요. 왜냐하면 회사에서 정해준 대로 하는 거기 때문에 우리가 더 달라고 한다고 해서 되는 게 아니에요. 다른 회사는 노조가 있는데 여기는 그게 없어요. 하려고 했는데 잘 안 되나보더라고. 노조가 있으면, 회사하고 협상이 될 텐데 쉬운 게 아닌가보더라고요.

예전에는 (수수료율이) 20~22퍼센트였어요. 지금은 23퍼센트 정도 돼요. 좀 올랐는데 우리한테 23퍼센트가 다 떨어지는 게 아니에요. 고객들이 만원어치 사면 고맙다고 하나 더 드릴 수도 있고, 그런 게 빠지는 거잖아요. 제가 오백만원을 해가도 백만원 딱 맞아떨어지지 않아요. 많이 사시는 분들은 써비스로 한두개 더 드리고 새로 나온 거 있으면 마셔보시라고 드리는데 그거는 다 제가 사서 드리는 거예요.

일하는 거에 비하면 버는 돈이 그렇게 많은 거는 아니라고 생각하는데 그렇다고 지금 다른 직장에 가기도 그렇고, 뭐 식당 같은 데를 가도 그렇고…… 요즘에는 식당도 젊은 사람들 쓰지 나처럼 나이 든 사람 안 써요. 그래도 하루종일, 일주일에 하루 쉬고, 토요일까지 길에서 일하는 거를 생각해보면 월급이 적죠. 많은 편은 아니죠. 그래도 식당이나 뭐 공장에서 일하는 거보다는 나을 것 같다는 생각은 해요. 또 여자가 백만원 넘게 벌기가 쉽지가 않으니까, 그렇게 많이 불만은 없어요. 그래도 130만원쯤 되면 좀 일하는 만큼 버는 거 아닌가요? 그 정도 벌었으면 좋겠다는 생각을 해요. 그러면 조금은 여유있을 것 같아요. 130~150만원 정도는 받았으면, 그러면 이렇게 길에서 하루종일 일하는 것도 할 만하죠.

노조요?
만날 시간도 없어요

노조요? '아, 있어야겠다' 그렇게 생각은 아직 안 해봤지만, 있으면 좋겠죠. 근데 쉽지가 않다고 그러더라고요. 이게 아무래도 장사니까, 힘이 없는 사람들이잖아요. 그러니까 그런 단체가 좀 나서서 해주고, 그러면 나쁘지는 않겠지. 그런데 자기 장사하고 먹고살기 바쁘니까 그런 게 되겠어요? 잘 안 되는 거지요.

매일같이 조회하고 그러진 않고, 아침 조회는 가끔 한번씩 해요. 한 달에 한번? 아니면 두세달에 한번 정도. 월초랑 월말에 연수가 있어요. 동료들하고 다 같이 회식이나 이런 건 거의 없어요. 예전에는 그나마 좀 있었던 것 같은데. 그러니까 모여서 뭘 같이한다는 것은 생각도 하기 힘들죠.

언제나 똑같아요. 여름은 여름대로, 겨울은 겨울대로. 여름엔 더워서 힘들고, 겨울엔 추워서 힘들죠. 그래도 이건 장사니까. 내가 열심히 하면 되는 거니까……

●

통칭 '요구르트 아줌마'는 1971년 '한국야쿠르트'에서 요구르트 배달 및 판매를 중년 여성들이 담당하면서 시작된 직업이다. 한국야쿠르트는 주부들을 대상으로 일자리를 제공하면서 일과 가사를 동시에 할 수 있다는 점을 부각했다. 1971년 당시 '야쿠르트 아줌마'는 47명이었다. 현재 한국야쿠르트의 배달원은 전국 1만 3천여명에 이른다. 당시에도 요구르트 배달 업무는 지역 대리점에서 지정해주는 '고정' 배달과 일정 구역을 돌며 판매하는 '유동' 업무를 동시에 했으며, 임금 역시 판매의 일부를 수수료로 받는 형식이었다. 특별한 자격 요건을 따지지는 않지만, 대리점이나 지역의 여성 고용 센터 등에서 판매원에 대한 교육을 실시하고 있다. 요구르트 배달원의 효시가 된 한국야쿠르트뿐 아니라, 주요 우유업체 및 발효 음료, 최근에는 녹즙 및 생식에 이르기까지 배달과 판매를 동시에 수행하는 유사 직업이 늘어나고 있다. 2010년 국세청에 신고된 배달원만 1만 9천여명에 이른다. 주로 40대 이상의 여성들이 많이 종사한다. 한국야쿠르트의 경우 배달원의 평균 연령은 약 44세이다. 여러 회사의 음료를 배달하거나 판매하는 사람들을 쉽게 볼 수 있는데 이들 모두 판매한 금액을 수금·수납한 후, 일정 비율의 수수료를 받고 있다.

지역 대리점 등에서 수시로 배달원을 모집하지만, 간혹 아는 사람을 통해 소개를 받아야만 좋은 자리를 배정받을 수 있는 경우도 있다. 과거에는 고객을 인수받을 때 기존의 배달원에게 권리금을 주는 일도 있었다. 배달원 모집 광고들은 이 직업의 장점으로 이른 아침에 시작해 일찍 일을 마감할 수 있어 가사에 덜 지장이 가고 무자본으로 일을 시작할 수 있으며 판매 일임에도 불구하고 '고정'이 있기 때문에 약간의 기본 소득을 보장받을 수 있다는 점을 든다. 하지만 고정 소득은 한정적이고 유동 판매를 해야 생활이 가능하기 때문에 많은 판매원들이 성정미씨처럼 오후 시간을 종일 길에서 보낸다. 2013년 한국야쿠르트 자체 조사에 따르면 배달원의 평균 소득은 180만원이라고 한다. 그러나 인터뷰에 참여한 성정미씨에 따르면 주변에서 그 정도의 수입을 올리는 경우는 찾아보기 어려우며, 대리점에서 구역을 나누어 관리하기 때문에 더 많은 수입을 올리는 것은 쉬운 일이 아니라고 한다. 시작부터 특수고용형태로 출발한 요구르트 배달원의 노동조건은 과거와 유사한 것으로 보인다.

채권추심원 ● 김영수씨 이야기

사회라는 무대의
주인공이고 싶다

채권추심원
김영수씨
이야기

김영수씨는 젊었다. 이미 지천명을 지난 나이였지만, 반듯한 자세와 호소력 있는 눈빛, 그리고 맑고 시원한 목소리 때문에 그의 외양에서는 어딘가 모르게 젊음이 느껴졌다. 아마도 청년시절 몇년 동안 했다는 연극배우의 흔적인 것 같았다. 그는 할 말이 많았다. 경상도 중년 남자에 대한 고정관념과 달리, 영수씨는 자신이 살아온 과정에 관해서 많은 이야기를 하고 싶어했다. 산전수전을 겪은 오십년 인생에 최근 직장을 옮기면서, 그의 내면에서는 사회인으로서 삶의 의미를 재구성하고 긍정하기 위한 갈등과 모색이 이뤄지고 있는 듯했다. 그랬기에 여러 사람을 거쳐 전달된 연고도 없는 낯선 이의 인터뷰 요청을 선뜻 수락했을 터였다. 그는 첫 만남부터 장장 네시간 동안 이야기를 쏟아냈다.

이제는 베테랑 채권추심원인 그는 채권추심원에 대한 사회적 인정이 필요하다며 목소리를 높였다. 법과 제도의 틀 안에서 순기능을 하는 존재로서 채권추심원, 즉 신용관리사에 대한 긍정적인 사회적 인식과 자부심을 갖고 일할 수 있는 안정적인 노동조건을 원했다. 그는 그러한 것들이 저절로 주어지길 바라는 것이 아니라, 노동자들 스스로가 단결해야만 얻어질 수 있다고 인식했다. 자신처럼 생활의 무게가 덜한 선배들이 먼저 나설 수 있지 않을까 고민하며 조심스럽게 망설였다. 그의 바람과 인식이 당장 구체적인 방향으로 표현되기는 어려울 것이다. 그러나 그의 열정적인 소통 의지는 어떻게든 울림을 만들어낼 수 있을 것이다. 변화라는 것은 그러한 미세한 울림이 모여서 시작되는 것일 터이다.

80년대를
공단의 노동자로

공고를 졸업하고 1980년 5월 30일 방위병으로 입대를 했습니다. '광주사태(광주민주화운동)' 나고 열흘쯤 있다가 입대를 한 거죠. 당시에는 인간 취급을 못 받는 방위병이었던데다, 광주사태 직후다보니까 군대 생활이 상당히 힘들었어요. 군대에서 몸이 안 좋아져서, 병역 마친 다음에 두달 입원을 하고 1년 정도 요양을 해야 했습니다. 그러고 나서 마산 수출자유지역에 취업을 해서, 91년까지 마산 공단을 돌아다니면서 얼추 10년 정도 공장 생활을 했죠.

밀링, 선반, 금형…… 제가 했던 쪽이 부가가치가 높은 일들이다보니까 대우는 괜찮았어요. 당시 마산·창원 지역은 노동조합 바람이 굉장히 거셀 때였거든요. 그렇지만 제가 근무했던 회사에서는 전혀 기미가 없었습니다. 저도 별 생각이 없긴 했지만, 노조에 대해 거부감이 있거나 그런 건 아니었어요. 80년 광주사태의 진상 사진전을 봤거든요. 누군가가 그런 사진들을 수출자유지역 정문과 후문에 쫙 펼쳐놨었어요. 출퇴근을 하면서 그런 거를 보고 생활을 했기 때문에 노동운동에 대한 거부감은 없었습니다. 저도 시대에 대한 울분과 공감대가 있었지만, 그걸 풀 방법도 몰랐고 계기도 없었던 거죠.

수출자유지역의 선반공을
유혹한 연극 무대

어느날 노사협의회 노동자위원을 뽑는다고 그러더라고요. 그것도 회사에서 주관해서. 지도 공무부 소속으로 출마를 했는데, 출마한 열 몇명 중에서 표를 제일 많이 얻었어요. 희한한 게, 저는 회사에서 목소리가 전혀 없었는데도요. 어쨌든 임원들하고 우리 위원 세명이서 면담을 하는데, 건의사항이 있느냐, 그러는 거예요. '건의사항'이라는 것이 아랫사람이 윗사람에게 부족한 부분을 채워달라고 읍소하는 거잖아요. 어렴풋이 거부감이 들더라고. 노사협의회라면 회사 측하고 근무하는 사람들 측하고 당면 과제에 대해 동등하게 대화하는 것이라고 생각했는데, 사장님도 나와 계시고 하니 건의사항을 말씀해보시죠, 하니까. '아, 이래서 노조란 걸 만들었나보다'라고 생각하게 됐죠.

그런데 좀 지나서 연극을 만나게 됐습니다. 수출자유지역 안에 근로청소년을 위한 복지회관이 있었습니다. 기타·꽃꽂이·서예·일본어 같은 거를 무료로 배울 수 있고, 모여서 봉사활동도 하는 곳이죠. 저도 거기서 봉사활동을 하다가, 1988년 우연치 않게 근로복지공단에서 주최하는 노동문화제의 연극 부문에 참여하게 됐습니다. 「휘파람 새」라는 작품이었는데, 제가 남자 주인공 역할이었어요. 운이 좋았죠. 그걸로 상도 타고, 부상으로 '선진지역 견학'이라고 해서 여기저기 구경하고 호텔에서 자고 좋은 거 먹고. 아무튼 그걸 계기로 '극단 마산'에서 「매야마이다」라는 작품에 출연할 기회까지 얻게 됐습니다.

들뜨죠, 들떠! 저는 주로 '하인1' '행인1' 그런 걸로 나왔지만, 밤 12시 넘어서까지 연습을 하고 이만한 들통에 라면 스무개를 끓여 함께 먹고, 전문 연기자들이 연기할 때 목소리가 쫙 퍼져서 제 가슴에 와닿고, 그런 게 너무 좋더라고요. 공장 생활에서 미처 표출하지 못한 생각들이 연극을 통해 풀리는 것 같았죠. 저도 열심히 했습니다. 5시 반까지 공장에서 근무하고 바로 극장에 가서 연습하고. 그렇게 한 1년을 했더니 공장에서 싫어하더라고요. 잔업도 잘 안 하지, 공연 있는 날은 특근도 빼먹지, 그러니까 싫어하죠. 그렇게 눈칫밥을 먹다가 과감하게 사표를 쓰고, 저 연극하러 갑니다, 했어요. 서른이 넘은 나이에 갓난애까지 하나 딸려 있었는데 말이죠.

가장의 이름으로 현실로, 채권추심의 정글로

그렇게 몇년 연극을 했는데, 이게 생활이 안 되네요. 그래서 기획 쪽에 손을 댔어요. 한번은 극단에서 같이 일을 했던 선후배 세명이서 함께 기획을 했는데, 그때 작품이 그 유명한 「품바」였습니다. 그걸로 돈을 좀 벌었죠. 한 이천만원. 셋이서 나누면 한 사람당 칠백만원 정도 돌아갔겠죠. 그런데 같이 일을 했던 선배가 그걸 들고 날아서…… 연극한다고 있는 적금도 다 깨먹은 상태라, 긁어모아보니 수중에 오십만원쯤 있더라고요. 그걸 들고 마누라랑 애들이랑 같이 창원으로 이사를 왔어요. 월세 몇만원짜리, 철거촌 비슷한 지역으로 들어갔죠. 그러면서, 이제 먹고살아야겠다, 아이를 부끄럽지 않게 키워야겠다, 그런 생각이 들어서⋯⋯「에쿠우스」의 주인공 아버지 역할을 마지막으로 무대를 떠나게 됐습니다. 현실로 돌아온 거예요, 현실로.

그때 방송국에 계시던 어떤 분 소개로 카드 회사 영업직을 제의받았어요. 제가 언변도 있고 영업 쪽에 능하니까, 한번 해봐, 한 거죠. 기억하실지 모르겠지만 ○○○카드라고 있었어요. 이정길씨가 사자 데리고 나와서 광고하던. 거기서 일을 시작한 거죠. 그렇게 영업을 한 3년 했는데, 어느날 같이 근무하던 과장님이 저보고, 김형도 30대 중반인데 이제 채권을 해보는 게 어때, 그래요. 그게 안정적이고 장래성이 있다는 거죠. 그런데 당시에는 좀 거부감이 들었어요. 채권부서는 가보면 늘 싸우고 있는 거야. 이 양반아, 카드 쓸 때는 마음껏 썼잖아, 하면서 목청을 높이고 싸우는데, 그게 너무 싫은 거야. 그래서 처음에는 거절을 했죠.

그런데 저를 잘 봐준 그 과장님이, 당신 나이 마흔 돼서 스무살 먹은 애들한테 가서 카드 하나 만드십쇼, 할 수 있겠어? 그러지 말고 추천서 써줄 테니 해봐, 하니까 마음이 움직이는 거예요. 가진 기술도 변변치 않은데 가족을 부양하려면 돈벌이가 되는 걸 해야겠다는 생각이 든 거죠. 결국 부산까지 가서 면접을 보고 우여곡절을 거쳐서 채권 일을 시작하게 됐습니다. 그렇게 95년쯤부터 하게 된 게 어느새 15년을 넘었네요.

신용관리사는 국가자격증이다. 김영수씨는 채권추심원들이 제도적 틀 안에서 활동하고 정당하게 대우받아야 한다고 생각한다.

의도적인 도덕적 무감각이
필요한 세계

신용정보법이 만들어지기 전까지는 아침 8시 이전이나 저녁 9시 이후에도 채무자들에게 전화를 하거나 방문을 할 수 있었어요. 카드 회사에서 일하던 시절인데, 낮에 찾아가면 부모들이 직장에 가고 없잖아요. 그래서 저녁 늦게 9시쯤 찾아갔는데, 조그만 애들 세명이서 만 있어요, 방 한칸짜리 슬레이트 지붕 집에. 저도 자식 키우는 입장인데 걱정되잖아요. 저녁 먹었느냐니까, 고등학교 3학년 큰언니가 밥 차려주고 공부하러 도서관엘 갔대요. 엄마는 아빠가 허리디스크 수술을 해서 병원에 갔다고 그러고. 그런 얘길 들으면 저도 마음이 안 좋잖아요. 그래서 아이스크림이랑 과자 좀 사다주고…… 그냥 오면 되는데 이것도 직업이라고 거기에 명함을 한장 두고 왔어요.

다음 날 그 집 채권 서류를 덮어서 책상 밑으로 뺐습니다. 여길 독촉해 받느니 다른 사람한테 하자, 하고 잊고 있었는데, 한두달쯤 뒤에 그 집 아주머니가 신문지에 이백만원을 싸가지고 왔어요. 깜짝 놀랐죠. 명함 잘 보관하고 있었다고, 식당에서 일하고 파출부 일 하면서 부어 만든 곗돈이라며 제게 줘요. 남편 병수발하고 애들 넷 키우면서 어떻게 그 돈을 모았는지 신기하고 짠하더라고요. 아무튼 백만원은 받고, 나머지 백만원은 그냥 가져가시라고 했죠. 남편 병원비에 보태고 삼겹살이라도 사서 애들하고 맛있게 드시라고, 고3 딸애 졸업하고 형편이 좀 나아지면 천천히 갚으시라고 하면서요. 그런 걸 보면서 마음속으로 많이 울었던 기억도 있습니다.

신용정보회사의 채권추심원들은 매출에 따라 자기가 가져갈 수 있는 수수료의 비율이 30~60퍼센트까지 달라져요. 추심원이 채권자와의 계약을 완수해서 받아오는 매출액 중에서 신용정보회사가 자기 몫으로 수수료를 떼는데요. 매출이 크면 수수료율이 높아지고 매출이 적으면 수수료율이 낮아지는 구조죠. 그런데 생각해보세요. 다른 사람들 주머니에서 (적절한 수입을 보장해주는 범위인) 한달에 이삼천만원을 어떻게 빼내요? 그러다보니까 죽자 살자, 채무자들 입장이 어떻든, 아들내미가 내일모레 수술을 하든 말든, 정말 독하고 모질게 달려드는 거죠. 그렇게 일해도 요즘에는 한달에 200만원 가져가기가 힘듭니다.

추심을 하고 나면 죄책감 같은 게 들 때도 있지만, 도덕적으로 무감각해지려고 의식적으로 노력을 많이 합니다. 저는 원래 성격이 감성적인 편이라 더욱 그렇죠. 이게 내 할 일이고 또 사회적으로 필요한 일이기 때문에, 내가 안 해도 다른 누군가 하게 될 거라고 스스로 합리화하는 거예요. 그렇지만 이 일을 안 할 수 있으면, 안 하고도 아이들 대학을 졸업시키고 가장 노릇을 할 수 있다면 안 하고 싶습니다. 지금도 후배들에게 그렇게 말해요. 40대 초반인 후배들한테는 다른 일을 찾아보라고, 아직 안 늦었다고. 솔직히 이 일을 하면서 백 퍼센트 만족할 수 있는 사람은 거의 없을 거라고 봅니다.

불법을 저지르지 않고
돈을 받아내는 노하우

처음에는 벌이가 괜찮았어요. 2000년대 이전에는 연봉으로 7000만 원 이상은 됐던 것 같고, 2005년 정도까지도 그럭저럭 괜찮았는데, 그 이후에 소득이 급격히 나빠졌습니다. 개인회생이나 신용회복 같은 제도들이 만들어지고, 한국자산관리공사에서 채권을 사서 장기분할상환을 해주는 씨스템이 생기면서 우리 같은 추심원들에게 넘어오는 채무의 질이 많이 떨어졌거든요. 또 신용정보회사들이 난립하면서 수수료율도 나빠졌고요. 그러면서 영업관리가 중요해졌습니다. 특히 제가 지금 상사채권, 그러니까 상거래에서 생기는 채권·채무 관계를 다루고 있는데, 여기서는 더욱 그렇습니다.

아무래도 이 직업은 내일이 보장이 안 되니까, 영업을 많이 해놔야 추심할 수 있는 일거리가 많아지는 거고 마음을 놓을 수 있는 거죠. 영업 방법은 다 비슷해요. 예전 고객들한테 안부전화를 해서 일이 없는지 묻거나, 주변에 소개해달라고 부탁을 하고요. 또 신용평가정보나 직업총람 같은 것을 활용해서 내가 거주하는 지역의 기업체들을 찍어서, 예를 들면 주유소나 영농조합에 안내장을 발송하고 전화를 하는 거죠. 영업을 잘하는 사람들은 '조사'를 잘해요. 예를 들어서 어떤 건설업체가 관급공사를 따냈다 그러면, 꼼꼼하게 조사해서 그 회사의 채권자들을 찾는 거죠. 그리고 채권자들에게 영업을 따내고 나서, 공사대금을 압류하는 겁니다. 그러면 바로 채권을 확보하는 거 아닙니까? 저는 두렵기도 하고 정보를 얻기도 힘들어서 그렇게 하지 않습니다만, 아무튼 그런 노하우가 필요합니다.

채무자들을 대할 때도 자기 노하우가 중요해요. 채무자들 입장에서는 독촉 전화를 받으면 일단 마음이 불편하고 경우에 따라서는 화가 나는 게 당연합니다. 그러면 그 사람들이 그 불편함을 거칠게 표현한단 말입니다. 그렇다고 같이 싸우면 우리만 손해입니다. 처음에는 저도 자기통제가 잘 안 됐는데, 세월이 지나니까 으레 그러려니 하고 참을성이 생깁디다. 그런데 가끔은 마약이라도 한 건지 정말 섬뜩한 이야기를 하는 사람들도 있어요. 처음에는 거칠게 나오다가, 설득을 하고 설명을 하면, 아이고 선생님 살려주십쇼, 뭐 이러다가 갑자기 쌍욕을 하고. 아무튼 그런 건 수화기 내려놓고 흘려버리고, 필요한 이야기에만 집중해야 합니다.

그렇지만 추심 일을 하다보면 한편으로 채무자들의 절실한 이야기들을 들어주고 그 사람 편이 돼주려고 애쓰게 됩니다. 어쨌든 그 사람들은 이미 힘든 사람들인데 그 사람들을 말로 이기는 게 무슨 의미가 있겠습니까? 상처받은 사람들에게는 한편이 돼주고, 할 수 있는 범위에서 같이 방도를 모색해주는 게 필요하죠. 그래야 불필요한 갈등도 안 생기고요. 그렇지만 그래도 말이 안 통하는 사람들에게는 시간 낭비 안 하고 법적인 절차를 바로 진행합니다. 그러고 나면 오히려 대화가 더 쉬워지는 경우도 있죠.

자본주의 사회에서
반드시 필요한 일이지만

작년 가을쯤인가, 어디 산악회에 초대를 받아 등산을 따라갔다가, 저녁 뒤풀이에서 명함을 주고받는 시간이 있었어요. 솔직히 주저하게 되더라고요. 할 수 없이 명함을 내밀었더니, 그분이, 아유 뭐 어때서 그러십니까, 그러시더라고요. 그렇게 말해주는 분들도 있지만 사실 이 직업이 인상이 좋진 않죠. 일단 업무 자체가 없는 사람들한테 돈을 받아내는 것이다보니까. 해결사나 흥신소 같은 이미지도 아직 남아 있고요. 많은 분들이 아직도 그런 거나 신용관리사(국가공인 자격증을 가진 채권추심원)나 같은 거라고 생각을 하는 거죠. 당당하지는 못해요. 영업을 할 때는 일이니까 적극적으로 저를 알리지만, 일상에서 만나는 사람들에게 내가 이런 일을 하고 있다,라고 당당하게 직업을 말하지는 못하고 있습니다.

그렇지만 우리들이 이 일을 해온 지 벌써 20년이 넘었고, 현재 전국적으로 채권추심원들이 몇만명이 존재한단 말입니다. 이제 하나의 안정된 직업으로 정착을 했고, 사회적으로 인정을 받을 때도 되지 않았나, 그런 생각을 하고 있습니다. 이 일을 하면서 얻은 지식도 많기 때문에 그런 측면에서는 나름대로 자부심도 있습니다. 신용관리에 어려움을 겪고 있거나 이에 관해서 잘 모르는 사람들에게 도움을 줄 수 있다는 거죠. 이 일을 하다보니까, 이제 민사사건은 사건 번호만 들어도 그게 어떤 사건이고 어떻게 진행될지가 보입니다. 이런 지식을 바탕으로 사회에 진출하는 아이들한테 신용관리를 어떻게 해야 한다, 휴대전화 요금 밀리는 거 우습게 봐서는 안 된다, 그런 이야기들을 해줄 수 있다는 거죠.

우리 같은 사람들이 없다면 요즘처럼 도덕성이 결여돼 있는 사회에서 금융질서가 한꺼번에 무너질 수도 있는 것 아니겠습니까? 저는 이 일이 자본주의 사회라면 반드시 있어야 할 직종이라고 봅니다. 그렇지만 이 직업이 사회적으로 인정을 받기 위해서는 많은 것들이 변해야죠. 먼저, 동료들에게 욕먹을 소리지만, 저는 신용관리사 자격을 가진 사람만 채권추심을 할 수 있도록 해야 한다고 봅니다. 기왕에 만들어놓은 신용관리사 제도를 강화해서 전문성을 갖고 제대로 채무자들의 신용관리를 해줄 수 있어야 한다는 겁니다. 그러려면 한발 더 나아가서 추심원들도 미래가 불안하지 않게, 삶의 질을 어느정도 보장해줘야 하죠. 잘은 모르지만, 노동조합이 하나의 돌파구가 될 수 있지 않을까 하는 생각을 합니다.

떳떳해지고 싶습니다,
여럿이 함께!

예전에 다니던 자산관리회사의 동료들이 집단으로 퇴직금 소송을 한 적이 있습니다. 저도 참여했죠. 그런데 마침 그 회사에서 저를 아끼는 선배를 통해서 재입사 제의가 와서 고민 끝에 저는 소송에서 중도이탈했습니다. 그 사건은 승소했습니다. 소송에 참여했던 사람들은 퇴직금을 다 받았죠. 그런데 저는 퇴직금도 못 받고, 그 회사에도 못 들어갔습니다. 퇴직금 소송에 이름을 올렸다는 이유로 '괘씸죄'에 걸린 거죠. 그뿐 아닙니다. 이후에 다른 회사에 들어가려고 할 때도 아무런 이유도 없이 제지를 당한 거예요. 아마도 신용정보협회에서 명단을 서로 돌린 거겠죠. 그 자산관리회사가 지역에서 입김이 세거든요. 그때, 아 정말 노조가 필요하구나, 했습니다.

왜냐면 저만 이런 일을 당하고 마는 게 아니라, 수많은 후배들이 똑같은 일을 겪을 수도 있는 거 아닙니까? 아시다시피 퇴직금이라는 거는 노동력에 대한 정당한 댓가입니다. 대한민국 법원에서 판례가 인정하는 정당한 댓가를 요구하는데, 이런 일을 당한다는 게 말이 안 되잖아요. 안 잘리려면 정당한 요구도 포기를 해야 한다는 건데, 이런 비상식적인 상황에는 조직적으로 대응할 필요가 있다는 거죠. 조금 더 젊었다면 감히 이런 생각을 못했겠지만, 이미 저는 이 일을 할 만큼 했고 나이나 경력도 있으니 나설 수 있지 않을까, 그런 생각을 하는 거예요. 무슨 사회적 책임 같은 거는 아니고, 이제는 이 일이 음에서 양으로 한걸음 나아가줘야 하지 않겠습니까? 그런 일을 누군가는 해야 할 텐데, 기왕이면 제가 그 누군가였으면 좋겠다는 거죠.

계속 말씀드리지만, 저희가 사람들에게 이 일을 한다고 떳떳하게 말하지는 못하잖아요. 그런데 예를 들어서 공인중개사들이 저희 같지는 않단 말입니다. 제가 은퇴할 때까지는 이걸 바꿔서 신용관리사는 신용을 관리해주는 사람들, 이렇게 만들고 싶어요. 사회적으로 의미

있는 역할을 하는 하나의 직업으로 인정을 받고, 이 일을 하는 사람들이 자부심을 갖도록 하는 길을 노동조합이 닦아줄 수 있지 않을까 생각합니다. 물론 자기 혼자 똑똑한 어중이떠중이들이 많은 이 업계에서 그게 쉬워 보이지는 않지만 말입니다.

●

채권추심업이란 주로 카드 전문 회사나 백화점 같은 대형 유통업체 등이 상거래를 할 때 떼인 돈을 대신 받아주는 업무를 칭한다. 즉 채권 전문 회수 기관이 채권자로부터 만기 초과 미회수 물품 대금 또는 용역 대금의 회수를 위임받아 채권을 회수해주는 사업을 말한다. 신용정보법에 의해 추심업무를 할 수 있는 채권 회수 전문 기관은 '신용정보업자'로 제한된다. 신용정보업자 등록이 가능한 기관은 신용보증기금, 기술신용보증기금, 한국신용정보, 한국신용평가 등 4곳이다.

채권추심업무는 '신용정보의 이용 및 보호에 관한 법률'이 1995년 7월 6일부터 발효됨에 따라 법적인 근거를 갖고 실시됐다. 이 법은 사채시장에서의 폭력배를 동원한 불법 채권추심을 근절하는 것 등을 주요 목표로 했다. 1998년 외환위기를 거치며 부실채권이 증가하면서 채권추심을 전문적으로 해주는 기관들이 급격하게 늘었다. 그러나 2000년대 초반 이른바 '카드 대란'이 일고 서민층의 과다한 채무가 사회문제로 제기되면서 개인워크아웃, 개인회생, 개인파산 등 다양한 신용회복 및 채무조정제도가 활성화되었고, 2000년대 중반 이후 증가세가 둔화되었다. 2011년 통계청 지역별고용조사에 따르면 전국의 채권추심원 규모는 1만 7천명에서 2만 4천명가량, 이들의 월평균 임금은 약 240만원으로 추산된다. 하지만 소득 중위값이 약 200만원이므로, 추심원의 절반가량은 월 소득이 200만원 미만이다. 상대적으로 임금 격차가 매우 큰 업종이라 할 수 있다.

한편, 국가공인 신용관리사 자격제도는 2006년부터 시행되고 있으며, 신용정보회사를 회원으로 하는 사단법인 신용정보협회가 2009년 법정협회로 새롭게 출범하면서 제도가 다시 한번 정비되었다. 즉 일정한 자격 요건을 갖춘 위임직 채권추심인을 협회에 등록하도록 하고, 이들에게만 신용정보회사에서 채권추심업무를 담당하도록 한 것이다. 여기서 말하는 일정한 자격 요건이란 '국가공인 신용관리사 자격시험'에 합격하거나 등록연수과정을 이수한 경우를 말한다.

간병인 ● 김수란씨 이야기

노동자를
잘 대우해주면,
더 열심히 일할 수
있겠지요

간병인

김수란씨
이야기

"우리가 왜 '특수'고용입니까? 우리도 엄연한 노동자예요. 밥은 먹게 해 줘야죠. 병원에서 우리를 직접고용해야 합니다!" 인터뷰 때마다 김수란 간병인이 힘주어 한 말이다. 노동조합에는 관심도 없었다던 그녀가 조합원이 된 이유이기도 하다. 엷은 옥색의 간병인복을 깔끔하게 갖춰 입은 김수란 간병인은 올해로 예순네살이다. 겉모습은 상당히 젊어 보여 놀라지 않을 수 없었다. 누군가로부터 돌봄을 받아야 할 나이임에도 불구하고 타인을 24시간 돌보는 일을 하고 있기에 더 놀랐을 것이다.

병원은 24시간 돌아간다. 간병인도 마찬가지다. 수란씨는 하루종일 환자 곁을 지키며 새우잠을 자다가도 환자의 콜록거리는 소리에 눈을 번쩍 떠야 하는 간병인 생활을 10년째 하고 있다. 그녀를 처음 만난 거대한 종합병원에서는 어지러울 정도로 많은 사람들이 정신없이 움직이고 있었다. 그러나 그녀는 부산스러운 주변과는 달리 매우 차분했다. 6인 병실의 문 바로 앞에서 중증의 남성 노인을 돌보는 그녀는 환자가 하루하루 좋아질 때마다 덩달아 기뻐하고 있었다. 누군가를 돌본다는 일은 얼마나 중요한 일인가. 하지만 그녀는 가족도 할 수 없는 일을 전담하는 자신들이 병실의 간이침대에서 하루 24시간을 보내야 하는 현실을 토로하며 열악한 노동환경과 대우가 역으로 일의 가치를 깎아내리고 있다고 이야기한다.

쉰이 넘어
생활전선에 나서다.

경북 의성에서 살았어요. 막둥이로 태어나서 엄청 사랑받고 살았죠. 우리 어머니가 교육열이 있으셔서 농사를 지으셨는데도 오빠들을 전부 사범대에 보내셨어요. 저는 효성여대(지금의 대구가톨릭대학교)를 다녔는데 아버지가 빨리 돌아가셔서, '어머니 살아 계실 때 시집을 가야겠다' 생각해서 중퇴를 하고 스물세살에 시집을 갔어요. 중매로 결혼을 했는데, 남편 집이 갑부였죠. 시아버지가 대구 서문시장에서 장사를 하시던 분이었거든요. 그런데 남편이 워낙 잘사는 집에서 태어나서 돈을 벌 줄 모르고 쓸 줄만 아는 사람이었어요. 그래도 딸 시집 보낼 때까지는 잘살았어요. 그렇게 대구에서 편안하게 살았는데 2000년쯤에 사는 게 굉장히 어려워졌고, 생활전선에 나서야 했어요. 애들이 삼남매인데 학비 조달이 안 되는 거죠. 아들은 서울에서 대학에 다니고 있었어요. 대학 등록금이 장난이 아니잖아요. 뭐라도 해야겠다 싶어서 먼저 간병인을 하고 있던 친척 소개로 서울로 올라와서 간병인을 하게 되었어요. 처음에는 버는 돈을 오직 아들 등록금에 올인했죠.

그렇게 간병인 일을 시작했는데 해보니까 굉장히 어려워요. 식사문제도 해결이 안 되지, 계약 병원들이 서울 시내에 흩어져 있으니 짐도 무겁게 들고 다녀야 하고 차비도 많이 들고 몸도 고생하죠. 너무 힘든 거예요. 또 사람들이 간병인을 무시하는 거예요. 처음에는 정말 많이 무시했어요. 간호사나 병원 직원, 심지어 환자마저 무시한다는 얘기를 많이 해요.

처음에, 일이 바로바로 연결이 안 될 때가 있잖아요. 그러면 불안해서 다른 일을 이쪽저쪽 알아보는 거예요. 그러다가 전화가 오면 병원에 나와서 일을 하고 그러는 거죠, 그동안. 처음에는 다른 일을 할까 갈등을 많이 했어요. 식당에서 설거지 일도 해보고요. 그런데 설거지는 힘들기도 하지만, 깨끗이 닦으려고 찬찬히 하면 또 안 돼요. 대충대충 빨리빨리 하기를 원해요. 그래서 그만두고, 경매를 배워보려고 경매 학원도 전전해봤어요. 그런데 일단 제 돈을 넣어야 하니까, 투자를 해야 하니까 못하겠더라고요.

그렇게 처음에는 간병인 일 사이에 시간이 비면 갈등이 생겨요. 시간만 있으면 '다른 걸 찾아봐야 하나?' 하는 생각이 들고요. 간병인이 월급쟁이도 아니고 보험이 되는 것도 아니고. 그리고 일이 바로바로 연결이 안 되니까, 조바심이 나는 거예요. '다른 일 하러 나가야 하나?' 하고. 조금씩 시간이 지나면서 익숙해지고 이 일의 중요성과 보람도 느끼면서 이제 10년째 이 일을 하고 있어요.

쉴 새, 쉴 곳 없이
뻐근하게 지나가는 하루

아침 6시에 일어나서 환자분을 목욕시켜요. 매일은 안 해도 전체적으로 하루에 한번 씻겨드리고, 면도해드리고, 깨끗한 옷으로 갈아

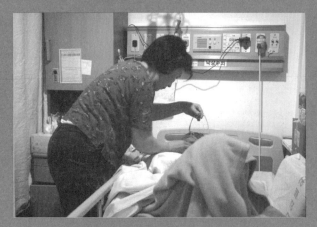

"저희는 일을 하면 환자가 진짜 가족 같아요. 돌보는 분에게 굉장한 애정을 갖게 돼요. 내 환자가 최고예요."

그녀는 책 읽기를 좋아한다. 가로 60센티미터, 세로 170센티미터, 그녀가 일을 하고 잠을 자고 책을 보는 유일한 자리다.

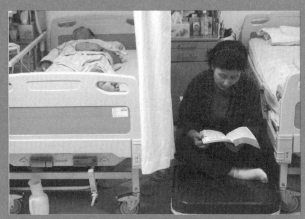

입히죠. 그러고 나면 물 드려야 하고 약도 드려야 하고. 그다음에 8시에 식사가 오고 식사 끝나면 10시에 물리치료를 가요. 제가 보호자를 대신하기 때문에 물리치료실에도 따라가요. 물리치료 끝나고 내려오면 점심식사고 하루에 네번 네뷸라이저(nebulizer)를 해요. 네뷸라이저는 환자가 가래가 끼니까 가래를 묽게 해주는 기구예요. 쉴 새 없어요. 그거 다 하고 나면 수시로 썩션(suction)˙을 해요. 썩션은 어떨 때는 30분이 걸릴 때도 있어요. 계속 나오니까요. 밤에는 진짜 많이 나와요. 자다 일어나서 그렇게 썩션을 하다보면 잠이 다 달아나요. 그러면 다시 잠들기 힘들잖아요. 게다가 두시간에 한번씩 체위 변경을 해줘야 하고요. 식사는 일하는 사이사이에 사람들 없는 곳에서 해요. 저녁에는 저도 공동 샤워장에서 샤워 좀 하고 닦고, 자고. 그런데 잔다고 해봐야 계속 환자를 돌보는 거지요. 아침 되면 또 목욕시키고, 또 썩션하고, 반복이지. 목욕하다가도 썩션해야 하고. 썩션이 제일 문제예요. 그러다보면 하루가 금방 지나가죠.

잠은 보호자용 간이침대에서 쪽잠으로 해결해요. 썩션을 수시로 해야 하고, 환자 움직임에 민감하게 반응도 해야 하고 두시간마다 환자 체위도 바꿔줘야 하니까 잠을 푹 못 자고, 눈이 항상 빨갛죠. 안약을 항상 가지고 다녀요. 눈이 충혈되니까 부끄럽고 얼마나 피곤하면

˙ 중증환자 목에 낀 가래를 제거하는 일을 말한다. 현행법상 간병인은 썩션이나 투약과 같은 의료행위를 해서는 안 된다. 하지만 두세시간에 한번씩 썩션을 해줘야 하고 코줄이나 배변줄도 자주 바꿔줘야 하기 때문에 실질적으로는 간병인이 이런 일을 하고 있다.

저럴까 하는 소리 들을까봐 괜히 위축된다니까요. 그래서 피곤해 보이지 않으려고 노력해요. 낮에 3시쯤 환자분 간식 나오기 전에 잠깐 짬 내서 5분이라도 누웠다 깨면 개운해요. 그런데 푹 자지는 못하죠, 소리만 나면 깨니까. 낮에 자기도 어렵죠. 이렇게 시끄러운데 어떻게 자요? 들락날락 들락날락.

자리(환자 옆의 간이침대)도 너무 좁아요. 공간이라도 좀 돼서 앉아서 쉴 때 쉬고 잘 때 자고 해야 하는데 그런 게 아니잖아요. 환자 보호자 분이 오셔서 "아주머니 좀 쉬고 오세요" "어디 가서 좀 주무시고 오세요" 이래도 갈 데가 없어요.

이런 노동자가
어디 있어요?

간병인을 위한 공간이 너무 없어요. 휴게 공간이 없어요. 간이침대에 보호자가 앉아 계시면 저희는 갈 데가 없어요. 보호자가 오면 비켜 줘야 하니까 우리는 앉지도 못하잖아요. 옷 갈아입을 공간도 없어서 만날 화장실에서 갈아입어야 해요. 휴게 공간이 필요하죠. 잠시라도 다리 펴고 누울 수 있는 공간이 있어야 하잖아요.

지금 최저시급이 4천 얼마인가 그렇죠? 그런데 저희는 뭐예요? 24시간 일하고 6만 5천원 받아요. 경증환자인 경우는 5만 5천원이고요. 꽁꽁 언 밥 데워 먹으면서요. 무슨 일을 해도 밥은 줘야 하고 하루는 쉬어야 하잖아요. 그런데 이런 게 어디 있어요? 일주일 동안 먹을 밥

18개를 비닐 팩에 싸가지고 와서 얼려놔요. 무거워서 더는 가져오지도 못해요. 반찬도 만날 똑같아요. 고추장, 된장, 젓갈, 잘 안 상하는 거, 짠 거. 제일 어려운 게 밥 문제예요. 언 밥을 전자레인지에 해동해서 먹는 거예요. 그나마 전자레인지도 두 병동 합쳐서 두개가 있었는데 얼마 전에 하나가 고장났어요. 보호자들, 간호사들 다 같이 쓰고, 여기가 신경과니까 환자 죽을 엄청 많이 데워요. 제가 수간호사님께 고장난 거 얘기 좀 해달라고 했지만, 제가 보호자도 아닌데, '간병인 주제에' 이런 소리 들을까 싶은 생각도 들어요. 그러니까 비참한 거죠. 모여서 같이 먹으면 안 되기 때문에, 저희는 혼자서 조금씩 먹고 그래요. 사람들이 안 보이는 데서 먹으려고 서서 먹기도 해요. 의자가 없어요. 다른 사람 보기에도 처량하잖아요. "왜 서서 드세요?" "드실 데가 없으세요?" 전부 그렇게 물어요.

밥 문제만 해결돼도 좋겠어요. 먹어야 일하잖아요. 보호자분들이 식사값이라도 주면 큰 힘이 돼요. 더 잘하게 돼요. 기분이 좋아진다는 거죠. 눈물이 나려고 하네. 환자 식구들이 찾아오면 외식을 해서 환자 밥이 남을 때도 있어요. 그것도 먹으면 안 되게 돼 있어요. 그러니까 더 비참한 거죠. 병원에서 우리를 직접고용해야 하고, 휴식 공간과 식사를 제공해야 하고, 산재도, 보험도 가입할 수 있게 해줘야 해요.

몸과 마음이
병드는 간병인

중환자는 체위 변경이나 이런 것 때문에 간병인들 어깨, 근골격계에 무리가 와요. 환자분들이 무게가 많이 나가면 근육통은 예사죠. 다들 근골격계에 문제가 있어요. 저는 10년째 접어드니까 이제 쉬는 날에는 침 맞으러 다녀야 하고 그래요. 중증환자 돌보면 그런 점이 힘들지만, 그렇다고 경증환자가 쉬운 건 아니에요. 힘 안 드는 환자는 없어요. 말수가 많은 분들은 말씀에 다 대답해야 해요. 자식 자랑 같은, 했던 소리 또 하고, 그런 거 대응하는 것도 보통 일이 아니에요. 비위를 맞춰야 하니까요. 저는 중환자를 많이 담당하지만, 비위 맞추는 것도 보통 일이 아니더라고요. 우리 아들은 어떻고, 며느리는 어떻고, 듣는 것도 너무너무 힘들고. 마음은 아닌데 만날 좋은 소리만 해야 하는 것도 힘들고요. 감정을 완전히 무시하고 살아야 해요. 저는 그런 분들을 많이 만나보진 않았지만 유별난 보호자분들도 힘들죠. 아줌마라고 부르면 기분 나쁜 것도 있죠. 명령조로 사람 무시하면서 함부로 말하는 사람들도 있고요. 그러면 너무너무 기분 나쁜 거죠.

그렇지만 저희는 일을 하면 환자가 진짜 가족 같아요. 돌보는 분에게 굉장한 애정을 갖게 돼요. 내 환자가 최고예요. 그런데 관계가 좋지 않으면 힘들죠. 환자나 보호자하고 갈등이 생기면 방법이 없어요. '당신이 이래서 못하겠소'라고는 못하잖아요. 저희는 굉장한 애정을 갖고 돌보거든요. 그런데 환자가 그러면 얼마나 배신감을 느끼겠어요?

나는 자기 소변까지 다 빼주면서 돌봐주는데. 같은 사람인데, 낮고 높은 게 어디 있어요? 그러면 그냥 참거나 그만두거나 해야죠.

저희는 노동자로서 대우를 못 받잖아요. 그런 조건에서 일하기 때문에 사람들이 좀 우습게 볼 수도 있죠. 더러운 일이라고 생각을 하는 거예요. 최하위 직업이라고 생각하는 거죠. 그렇게 취급하는 게 기분이 나쁘다는 거죠. 밥도 안 주지, 비정규직에 월급제도 아니지, 보험도 안 되지. 그러니까 낮게 취급하겠죠. 왜 이런 일을 하느냐, 똥이나 치우고 오줌이나 치우고. 하지만 이건 누군가는 해야 하는 일이에요. 중요한 일이고. 저희는 '힘드시죠?' 이런 말만 해도 홀딱 넘어가요. 말 한마디가 고마운데, 별거 아닌데.

옛날하고 비교해서
하나도 나아진 게 없어요

2004년에도 일당이 5만원이었어요. 지금 경증환자가 24시간에 5만 5천원, 중증환자가 6만 5천원이에요. 너무 안 오른 거죠. 거의 10년 전과 비교해서 겨우 5천원 오른 거예요. 임금이 너무 적죠. 최저시급도 안 되잖아요. 저희는 24시간 일을 하기 때문에 일당을 24시간으로 나누면 시간당 2,700원 꼴밖에 안 돼요. 너무하잖아요.

옷˚도 제공이 안 되죠. 저희가 사야 하죠. 1년 사시사철 이거 입어요. 추우면 카디건을 걸치죠. 세탁도 저희 몫이죠. 옷도 빨아줬으면 좋겠어요. 미화원분들은 작업복을 세탁해줘요. 노조에서 투쟁해서 옷도 세탁해주게 됐어요. 아파도 산재 처리가 안 되니까 자기 돈 들여서 치료받고. 아프거나 집안에 일이 생기면, 이쪽저쪽 알아봐서 다른 분을 대체해놓고 가야 하죠. 월급제가 아니니까 그런 문제가 생겨요.

심지어 성격도 바뀌는 것 같아요. 2001년부터 오랫동안 이 일을 하다보니까 나와서 일을 해야 마음이 편하지, 집에 들어가면 마음이 불안해요. 그래서 집에서 진득하니 못 있어요. 나와 있는 게 편해요. 아파도 나와 있으면 돈을 버는데 집에 있으면 그게 안 되니까. 간병인들에겐 늘 그런 쫓김이 있어요. 일당을 받으니까, 월급제가 아니니까 집에서 쉬는 게 쉬는 게 아니죠. 아이 학비도 대야 하니까 몸살이 나거나 해도 병원 가서 치료받고 약 먹어가면서 일을 하게 돼요. 그래서 건강에 유의를 많이 하죠. 일하면서도 병원 중간 복도를 서른바퀴 돌아서라도 운동을 해요.

제대로 쉬지도 못하죠. 일주일에 하루 쉬는데 토요일에 (병원에서) 나가요. 쉬는 날 당연히 일당은 못 받고요. 집에 가면 일이 쌓여 있어요. 청소하고 빨래 집어넣고, 설거지도 하고 빨래 개서 정리해놓고. 장도 보러 가야 하고, 힘들어요. 집에 가서도 밤 12시가 돼야 누울 수가 있어요. 집에서도 많이 잘 수 없어요. 시간이 없으니까요. 자고 일어나서 염색도 해야 하고, 교회도 가야 하고. 병원으로 돌아오면 월요일은

● 김수란씨가 입은 간병인복은 그가 속한 용역업체가 지정하는 것이다. 보통 큰 종합병원은 두세개의 용역업체와 계약을 맺어 간병인을 고용하기 때문에 병원 복도에서는 색깔이 제각기 다른 유니폼을 입은 간병인들을 볼 수 있다.

파김치가 돼요. 집에 간다고 그냥 가서 쉬는 게 아니니까요. 그러니 허리가 아프거나 그런 병이 많이들 나죠.

여가생활 이런 건 전혀 없죠. 일을 몇개월 하다가 끝나면 저는 오로지 하는 게 대구 딸네 집 가서 아이들 보는 거, 그 즐거움으로 살아요. 사람들하고 어울리는 거는 원래 싫어해요. 대신 저는 쇼핑을 좋아해요. 일 끝나고 토요일 되면 한번씩 가요. 보는 거 좋아하고, 싸고 좋은 거 쇼핑하는 거 좋아하죠.

청소노동자들의
노조가 부러워요

저는 노동조합을 되게 싫어했어요. 그런데 저희에게 당면한 일이잖아요. 노조가 아니면 해결 방법이 없으니까 해야지요. 앞장서지는 못하더라도 노동조합 활동은 해야겠다 그런 거예요. 사실은 저도 제 나름대로 불만이 있었어요. 노조 일을 하면 투쟁을 많이 해야 하고 집회에 참여를 해야 하잖아요. 저희는 일주일에 한번 토요일에 쉬잖아요. 그런데 쉬는 날 집회를 가야 하는 게 불만이었어요. 그렇지만 불만이어도 이거를 안 할 수가 없는 거야, 노동조합에 가입해서 이런저런 것들을 알게 되고, 투쟁을 해서 쟁취해야 할 것들도 있고. 민들레분회[•]라고 미화원들 노조에서 투쟁으로 얻어낸 것도 많아요. 식사도 한끼

• 병원에서 일하는 비정규직 청소노동자들이 공공노조 의료연대 서울지역지부에 가입하면서 시작된 노동조합으로 2009년 투쟁을 시작해 다소간의 성과를 일궜다.

는 티켓이 나와요. 직장에 나와서 점심 한끼를 먹으니까 정말 좋대요. 노동조합에 가입해서 너무너무 좋다는 거예요. 이렇게 좋은 줄 몰랐다잖아요. 투쟁하면 되니까. 거기는 옷도 빨아줘요. 식사도 제공되고 옷도 빨아주고 얼마나 좋아요. 세탁업체도 돈 벌고, 서로 유익하다고 그러더라고요. 그분들이 그렇게 말씀하시더라고요, '따끈한 밥 먹으니 너무 좋아요'라고. 저희는 부러워하고 있어요. 그것만 돼도 얼마나 좋아요?

앞으로 해야 할 게 많은데, 병원에서는 어떻게 된 게 더 안 나아지게 하려고 그러죠. 정부도 그렇고요. 병원에서는 병원비 내는 게 보호자들이니까 자기네들 병원비 수금에만 신경 쓰고 다른 거는 외면하고 있다는 생각이 들어요. 그런데 간병인들은 일 끝나면 일당 받은 거랑 일한 거 확인서를 수간호사님들한테 갖다드리고 나가거든요. 일주일 다 끝나고 나면 이렇게 환자한테 받았다고 쪽지를 보여드려야 해요. 병원에서는 간호사가 간병인들 교육도 시키게 하고요. 일당도 올리려면 병원이랑 협상을 해야 해요. 이상하게 돼 있죠? 저는 이런 얘기 할 줄 모르는 사람이었어요. 여기에 몸담고 있다보니까 이런 요구를 해야겠다 이렇게 된 거죠. 저만이 아니고 후배들 자꾸 배출되는데, 그들은 눈물 콧물 안 나게 해줘야 할 거 아니에요?

노동자로
건강하게 일할 수 있도록

저는 환자분들을 너무너무 사랑해요. 눈만 감고 계시다가 눈 뜨시고, 이름 대시고, 손 드시고. 그러니까 대변을 봐도 너무 예뻐요. 그래서 '어머, 대변 너무 예쁘게 보셨다' 이러죠. 무심코 우러나요, 그런 마음이. 대변을 못 보시면 너무 힘들거든요. 환자분도 힘들고 관장해야 하니 저도 힘들어요. 대변을 잘 보시면 기쁘고, 보람을 느끼죠. 지금 환자분도 잠만 주무셨는데 이제 눈 뜨시잖아요, 물리치료도 들어가시고. 건강을 찾도록 도와준다는 게 뿌듯하고 보람있죠. 보호자분들도 좋아하시고요. 헤어질 때도 슬퍼요. 힘든 건 저희 노동조건이에요. 저희는 국민 건강에 굉장한 기여를 한다고 생각해요. 아주 중요한 일이잖아요. 밥 문제만 해결되어도 좋겠어요. 다른 문제는 아예 생각도 못해요. 이루어질 수 없는 일은 감히 상상도 못해봤어요. 하지만 인간적인 대우는 해줘야 하잖아요.

앞으로는 임금도 오르고, 병원이 직접고용하고, 건강보험에서 간병비를 급여화해서 제도화하고* 산재보험도 제공해야 해요. 우리도 정규 노동자다, 이거예요. 그리고 3교대를 해서, 우리가 인간다운 대우를, 노동자로 대우를 받아야 한다고 생각하고 있어요. 정부에서도 어

---

* 의료법상 간병인은 의료인이 아니기 때문에 건강보험수가를 적용받지 않는다. 따라서 병원 청구서에는 간병비 항목이 없고 요양급여나 비급여 항목에도 포함되지 않는다. 반면 요양보호사의 임금은 건강보험료를 낼 때 같이 내는 요양보험료에서 지급된다.

려운 일을 하는 사람들한테 관심을 쏟고 밑바닥까지 완벽하게 해줘야 한다고 생각해요. 저는 (노인들이) 자식들하고 같이 살면 안 된다고 생각해요. 자식한테 의지하지 말고, 저희가 이렇게 일해서 살아가듯이, 자신의 힘으로 살아갈 수 있게 정부에서, 국가에서 노후보장제도를 많이 만들어야 한다고 생각해요.

저는 계속 이 일을 할 거예요. 간병인 스스로의 인식 변화도 많이 필요해요. 직업의식을 가져야 해요. 엄연한 직업인이잖아요. 우리는 간병인이다, 누가 봐도 저분들은 수준있다, 이런 인식을 받도록 노력해야 해요. 제도적인 것도 필요해요. 저희 요구는 병원에서 간병인을 직접고용하고, 산재보험 적용해주고 우리를 노동자로 봐주는 거예요. 돌봄노동은 국가가 책임져야 한다는 거예요. 노동자를 잘 대우하면 우리 삶도 윤택해지고 더 기분 좋게, 더 건강하게 일할 수 있겠지요.

●

간병인은 병원, 요양소, 산후조리원 등에서 환자의 보호자를 대신하여 환자를 간호하고 보호하는 일을 담당한다. 거동이 불편한 환자의 목욕·대소변 배출은 물론 체온·맥박 등의 점검을 담당하며 음식물의 섭취를 돕는다. 또한 환자의 주변 청결을 담당한다.

예전에는 개인적인 소개를 통하여 일을 시작하는 경우가 많았으나, 최근 간병인 수요가 많아지면서 용역업체의 소개로 병원이나 환자의 가정에서 일하는 경우가 많아지고 있다. 통계청의 '지역별고용조사' 결과에 따르면, 2012년을 기준으로 간병종사자는 약 13만 9천명이며 여성의 비율은 약 96%이다. 50대가 가장 많이 종사(48.4%)하고 있으며 월평균 임금은 90만원으로 알려졌다.

간병인이 되기 위해서는 각종 복지회관 및 정부공인 기관 등에서 실시하는 간병인 교육과정을 거쳐야 한다. 정부공인 자격증은 없으나 민간기관 자격증으로 대한간병사협회가 주최하는 자격시험이 있다. 그러나 자격시험 없이 교육기관의 교육을 수료하고 기관에서 주선하는 실습을 거친 후에 현장에 투입되기도 한다.

최근 돌봄노동의 사회화에 대한 관심이 높아지는 가운데, 병원과 계약된 특정 용역업체만이 병원에서 간병인 활동을 할 수 있는 고용구조를 둘러싸고 노동자성이 이슈가 된 적이 있다. 간병인은 비공식 노동으로 분류되어 노동자성이 인정되지는 않지만 파견법상으로 파견은 허용된다. 파견업체가 병원과 공급 계약을 맺고 간병인을 고용하는 경우, 간병인은 파견업체의 노동자로 인정된다. 그러나 파견업체가 사실상 일용직 알선이나 소개소의 역할을 하는 경우가 더 많은 것으로 알려져 있다. 종종 요양병원 등에서 직간접적으로 간병인을 고용하는 경우도 있다. 그러나 파견이나 소개로 간병인이 병원에서 일하는 경우에 병원과 소개업체가 협약을 맺어 병원이 포괄적인 통제를 하는 것이 일반적이다. 대다수가 소개소나 병원의 통제를 받으면서도 고용주(환자)와 일대일 계약을 맺는다는 점에서 특수고용의 특성이 드러난다.

골프장 경기보조원 ● 김경숙씨 이야기

가장에서 투사로
걸어온 캐디 인생

깊어가는 10월의 가을 어느날 전국여성노조를 찾아 김경숙씨를 만났다. 그는 22년간 다니던 직장으로부터 일방적인 해고 통보를 받고 이에 맞서 '복직 투쟁' 중인 해고자다. 그 때문에 그를 만난 곳은 골프장이 아니라 노동조합 사무실이었다. 경숙씨는 동생들의 학비를 벌기 위해 스무살 어린 나이에 흔히 캐디라고 불리는 경기보조원 일을 시작하여 골프장 그린에서 어느새 30여년을 보냈다. 평소 일터에서는 동료 경기보조원들의 궂은일을 도맡아 해결해주는 큰언니였고, 노조원으로서는 조합원들에 대한 부당한 회사 조치에 대해 한치의 물러섬 없는 투사의 면모를 보여주었다.

그런데 그는 다시 태어난다면 결코 이 일을 선택하지 않을 것이라 말한다. 평생 직업으로 선택한 경기보조원 일이었지만 늘 고용불안과 불합리한 근무여건에 쫓겨야 했다. 뼈저린 아픔을 후배들에게 물려주지 않으려고 1999년 노동조합 결성에 앞장섰다. 노조 사무장, 분회장으로 중추 역할을 맡아오면서 관리자들의 회유와 협박에 시달리는 또다른 시련의 나날을 보냈고, 결국 지난 2010년 8월 노조 파괴에 혈안이 된 회사에서 해고당했다. 어느덧 오십 줄을 넘은 그에게 가족의 생계를 책임지고 동료 경기보조원들의 잘못된 노동 현실을 바로잡기 위해 자신을 잊고 지내온 세월이 무겁기만 할 텐데 전연 개의치 않는 그의 의연함이 잔잔한 감동을 던져준다.

열아홉에 가장이 되어
생활전선에 나서다

유년시절은 정말 부유했어요. 아버지가 지금으로 치자면 이마트 같은 소형 백화점을 운영하셨거든요. 그런데 국민학교 때인가, 1968년 12월에 매장에 큰 불이 났어요. 소방차가 36대나 출동할 정도로 큰 불이었죠. 옆집에서 난 불이 옮겨붙으면서 주변을 전부 태웠던 건데, 집은 그 화재 이후로 풍비박산이 났고. 결국 고등학교를 그만뒀어요. 경제적인 이유 때문에 비인가 학교를 다녔는데 더 이상 다닐 수 없게 된 거예요. 바로 생활전선에 뛰어들어야 했거든요. 제가 1남 5녀 중 셋째였는데, 큰언니는 직장 생활 좀 하다가 결혼해서 외국으로 갔고, 오빠는 공장을 다녔는데 월급을 제대로 못 받았어요. 결국 제가 가장이 될 수밖에 없었죠.

1978년에 학교를 그만두고 바로 서울 화양동 봉제공장에 들어갔어요. 서울 와서 모집공고 보고 그냥 간 거였는데, 먼지도 심하고 기숙사에 갇혀 사는 생활이었죠. 거기서 번 돈으로 동생 셋 학비를 댔어요. 그렇게 사는데 다음 해 아버지가 돌아가버리시고, 엄마를 혼자 둘 수는 없었고…… 그래서 고향으로 다시 내려왔죠. 뭐 할까 고민을 많이 하다가, 근처에 골프장이 있었고 거기를 가야겠다고 결정했죠. 그런데 부모님이 예전부터 저를 내려와서 일하게 하려고 캐디에 대해 알아보셨다는 거예요. 이것저것 알아보시고는 생활이 화려하고 문란하다는 느낌을 받아서 안 되겠다고 생각하신 거죠. 그래서 거기에 취직을 한다고 했을 때 엄마가 반대하셨지만 제가 선택하고 제가 할 일이니 걱정 마시라고 했죠.

18홀당 3천원으로 시작한
경기보조원 생활

그때(1979년) 12월은 경기보조원을 뽑지도 않을 때였어요. 모집공고가 보통 2~3월에 나는데, 저는 직접 골프장을 찾아갔어요. 담당자 만나고 싶다고 하고 골프장 마스터한테 직접 갔죠. 어떻게 왔느냐고 물어서 일하고 싶다니까 출근하라고 하더군요. 처음 시작한 일이 연습장 공 줍는 일이었어요. 급여 없이 3개월 수습이었어요. 공 주우면서 골프 가방 메는 법, 손님 응대 요령 같은 걸 배워요. 3월에 정식으로 고용됐어요. 그때 급여가 1일 18홀 3천원이었죠. 한 라운드 더 뛰면 3천원 더 주고…… 그런데 그게 제가 뛰고 싶다고 되는 건 아니고, 마스터가 배치를 해줘야 가능한 거예요. 계산해보면 한달에 최소 9만원, 최대 18만원인데, 보통 13~15만원 정도 벌었어요.

봉제공장보다 근무여건은 좋았죠. 공장은 갇힌 생활인데 이건 골프장 안에서만이지만 활동적으로 움직이는 일이잖아요. 근데 겨울에는 또 일이 없으니까 (수입이) 일정하지는 않아요. 일은 없어도 계속 출근은 해야 하고…… 새벽 4시가 첫 팀이에요. 첫 팀 배치받으면 새벽 2시에 일어나죠. 시간대별로 예약이 되어 있어 출근을 해도 예약이 취소되면 보통 9시 반이나 10시쯤 2부 팀 배치가 시작되는데 그때까지 계속 기다리는 거죠. 당시에는 3부가 없었는데 이제 라이트(조명)가 생겨서 오후 2시부터 3부가 시작되고, 4시 10분에 마지막 팀이에요. 골프장마다 다르긴 한데, 보통 18홀 도는 데 7시간 정도 걸리니까 제일 늦게 끝나면 9시 반, 10시쯤 되는 거죠. 54홀 다 돌 때는 새벽 4시에 시작해서 오후 7시에 끝날 때도 있어요. 그럴 때면 밥 먹기도 힘들죠. 하루종일 물만 먹는 거예요. 18홀 끝나면 시간이 나서 식사를 먹기도 하고, 하나 끝나고 바로 또 경기가 있으면 내장객들이 식사하거나 간식 먹을 때 잠깐 국수라도 먹는데 그것도 힘들죠.

맨 처음에 까다로운 손님을 배치받아서 다른 경기보조원이 걱정을 되게 많이 했어요. 그래서 거의 18홀을 뛰는 거죠. 그 손님이 공 치면 가방 메고 뛰어가서 공 앞에서 서서 대기하고 있다가 손님 오면 채 드리고, 배운 대로 정석으로 하는 거죠. 손님이 농담하는 것 받아주고 그러질 못하고, 철저하게 정석대로 일하는 스타일이라서 깐깐한 손님이나 중요한 손님들 위주로 배치를 많이 받았어요.

골프장의 추억: 마스터의 횡포, 사고를 부르는 업무구조 그리고 사회지도층의 이면

결국 배치라는 게 중요한데. 수습이 끝나면 신입들 딱 세워놓고 번호를 지급해주거든요. 마스터가 순번 배치와 징계 권한을 쥐고 있으니까, 마스터한테 잘 보여야 해요. 과거에도 그랬고 지금도 그런 곳은 여전히 그렇고…… 아예 입사 때부터 돈 먹이고 들어오는 경우도 있고, 경기보조원이 재입사나 신규로 들어올 때 마스터한테 카드 주유권, 옷, 화장품 같은 선물을 해요. 금반지 이런 것도. 더더욱 웃긴 거는 마스터가 (캐디들한테) 강매를 하는 경우도 많았어요. 찻잔, 커피잔, 은도금 수저, 화장품, 건강식품 카탈로그 주면서 사보라고…… 마스터 지시가 내려지면 그게 부당하건 아니건 죽으라면 죽는 시늉까지. 고용이 자기 손에 달려 있으니까 그런 횡포를 부릴 수 있는 거죠. 저희들이 어쩔 수 있겠어요. 싫어도 억지로 그걸 살 수밖에 없는 구조였죠. 저는 아예 돈이 없어서 그런 건 하지도 못했고……

예전에 있던 관리자는 일상적으로 경기보조원 따귀를 때렸어요. 경기 진행이 느리다고 서로 티격태격하다가 뺨을 때렸는데 회사가 정규직은 보호하고 따귀를 맞은 경기보조원을 해고시키려고 했어요. 이런 폭행이 일어나는 건 관리자의 성향에도 많이 좌우되고 회사 분위기가 경기보조원을 정규직이 함부로 할 수 있는 대상으로 생각하는, '너희들은 언제든지 잘라버릴 수 있다'라는 식인 경우도 많죠.

필드는 위험해요. 골프공이 두꺼운 전화번호부를 뚫을 정도로 빨라요. 공 날아오는 걸 보고 피할 새가 없어서 손으로 막았는데 오른쪽 손목뼈가 부러졌어요. 그런데 이런 사고는 경기보조원을 재촉하는 업무구조와 관련이 있어요. 앞 팀하고 간격을 (최대한 가깝게) 유지 못하면 회사가 징계를 하잖아요. 하루 일을 안 주고 이런저런 잡일들을 시켜요. 그러니까 경기보조원이 항상 공을 치는 사람 앞에 나서서 다른 분들 채를 갖다드릴 수밖에 없어요. 이거는 구조적인 문제예요. 회사도 알고 있는 거거든요. 그렇게 나가야지만 경기 시간이 단축된다는 거를, 공 앞에 나갈 수밖에 없는 구조인 거죠. 골프카 전복 사고 같은 것도 사실은 재촉해서 그래요.

골프장에 들어가서 일하다보니 사회지도층 인사에 대한 생각도 많이 달라졌어요. 그전에는 존경할 만한 분들이고, 점잖은 분들이라고 생각했는데 골프장에서 직접 보면 존경하지 못할 사람도 참 많아요. 경기보조원에 대해서 '너네들이 뭘 알아?' 하는, 무시하는 발언을 하는 분들도 있고요. 내장객들끼리 하는 대화 내용이란 게 거의 탈법·불법·편법으로 탈세하는 얘기고요. 자기과시, 내가 누구를 알고, 누구랑 친하고…… 그런 얘기를 해요.

준비와 지원 없이 주도한 파업 그리고 이직

1986년 12월쯤이었죠. 지금까지 한 30년 일하면서 딱 한번 이직을 했는데…… 그전에 있던 골프장에서 제가 파업을 주도했어요. 그게 이직 원인이기도 한데, 중요한 경험이었죠. 일하다보면 골프공에 머리를 맞는 사고가 이따금 있어요. 당시에 동료가 그 사고를 당한 거예요. 치료비로 20만원을 받았어요. 손님이 마스터한테 치료비 하라고 줬다는 거죠. 그런데 그 손님이 나중에 그 사고 난 동료의 동생과 함께 라운드를 돌았거든요. 그때 지나가는 말로 치료비로 40만원 줬다고 하는 거예요. 동생이 자기 언니 이야기니까 따지려고 했는데 경기보조원은 손님 연락처를 알 수 없게 돼 있으니까 관리자한테 삼자대면을 시켜달라고 했죠. 그런데 죽어도 안 된다는 거예요. 그 동생이 저한테 도와달라고 했죠. 성격상 잘못된 일은 못 넘기니까 동료들을 집에 모았어요. 디데이(D-Day) 정하고 지희 집에서 회의를 했죠. 그런데 그게 샌 거예요. 회사 차 여러대가 집 앞에 와서 라이트 켜고 감시하고…… 어렵게 300명이 집결했죠. 한꺼번에 골프장으로 올라가서 로비 식당을 점거했어요. 근처 부식 가게에는 지금부터 우리가 다 외상으로 갖다 먹고 파업 끝나면 해결해주겠다고 했죠. 쌀, 라면, 단무지 같은 거를 사서 나흘 동안 농성했어요. 치료비 사건을 해결하고 농성자 한명도 다치지 않는 선에서 마무리를 지었죠. 결국 회사가 돈 떼어먹은 관리자를 해고했죠. 그리고 부식 가게에서 외상 갖다 먹은 거는 사장한테 해결하라고 했죠.

무슨 용기로 시작했는지 모르겠지만, 파업에 대한 지원도 교육도 받은 적이 없었어요. 그동안 쌓였던 불만이 그 사건을 계기로 폭발할 수 있었던 것 같아요. 부당한 징계와 인격침해로 무수히 쌓였던 게 폭발한 거예요. 일을 하면서 저 스스로도 괴로웠던 게 있었어요. 저도 벌어서 동생들 가르치고 가계를 유지해야 하기 때문에 동료들이 억울하게 잘려나가는 것을 보면서도 나서지 않고 눈을 감을 수밖에 없었던 데에 대한 자책감. 이 사건이 벌어지기 이전에 그런 것들이 제 안에 쌓여 있었던 거죠. 제가 보기에도 부당하게 잘려나가는 동료와 함께하지 못했다는 자책감이 계속 쌓여왔었어요. 한편으로는 삶의 서러

움, 진짜 이렇게 비굴하게 살아야 하느냐, 그런 감정이 그 순간에 더더욱 숯구쳤어요. 그 사건뿐만 아니라 중간에 캐디 돈을 떼어먹는 등 마스터의 횡포를 계속 지켜보면서 이제는 안 되겠다고 생각했던 게 큰 것 같아요.

당연히 밉보이게 되었고 사장이 저를 자르라고 지시를 내린 거예요. 그러니까 새로 온 관리자가 신입을 붙여서 저를 감시하기 시작했어요. 그래서 이직을 결심하고 다른 골프장으로 옮기게 된 거죠.

노동조합의
깃발을 올리다

노동조합을 만들 생각을 못했죠. 두려웠고요, 사실은. 일단 불이익을 당하니까, 회사가 해고를 하잖아요. 저는 벌어서 동생들을 가르쳐야 하는 입장이기 때문에 그런 게 두려웠고. 그래서 당시에는 노동조합을 만들겠다고 생각을 못했는데 98년도에 외환위기 터지고 회사가 갑자기 정년을 만들어서 경기보조원 12명을 해고시켰어요. 당사자들이 반발하니까 회사가 12명을 한꺼번에 자르는 게 아니라 6명 자르고 3개월 있다가 또 3명 자르고 3개월 후에 3명 자르고 이런 식으로 인원을 나눠서 자르더라고요. 갑자기 정년을 정해서 자르는 이유가 뭐냐 그랬더니 회사 말이 참 가관이었어요. "내장객이 젊은 여성을 선호한다." 그래서 제가 사장한테 탄원서를 썼어요. 경기보조원을 성상품화하는 회사 경영방침에 문제를 제기하고, 우리는 직업인이다, 경기보조원 업무는 오랜 경험에 의해서 풍향·풍속·눈·비·내장객의 스윙을 감지하는 능력이 쌓여 내장객을 잘 보조할 수 있게 되는 것이라는 내용이었죠. 그런데 사장님께 안 올라가고 과장 주머니에 있었던 거예요. 그때 우리끼리 이 문제를 해결하기는 너무 힘들다는 생각을 했어요. 그래서 인터넷을 막 뒤지면서 '여성'자가 들어가는 단체들은 다 쫓아다녔어요. 한국여성노동자회에 연락을 했더니 그쪽에서 당사자들이 싸울 의지가 있으면 함께해주겠다고 해서 한국여성노동자회 도움을 받아서 정년이 철회됐죠.

한번 무슨 일이 팍 터지면 한 3~4개월 정도는 관리자들이 경기보조원을 존중하면서 잘하는 거 같아요. 그런데 조금 시간이 지나면 도로 되돌아가요. 이게 계속 반복되는 건 경기보조원도 한번 파업으로 뭉쳤다가 또 그 일이 마무리되면 흐지부지 각자 개인의 삶으로 돌아가기 때문에, 회사 역시 같은 일을 되풀이하는 거죠. 결국 견제할 수 있는 조직이 없기 때문이죠. 정년 싸움 마무리하고, 회사에 대한 견제세력을 만들어야 한다는 얘기를 하면서 모임을 갖자고 제가 제안을 했어요. 그냥 모임을 갖자 그러면 참 잘 안 되잖아요. '일방적인 정년은 부당하다' 서명을 해준 후배들한테 고맙다고 밥을 해먹이자 그래서 동료의 집을 하나 빌려서 한달에 한번씩 정년 싸움에서 남은 돈으로 밥을 해먹였어요. 모임의 이름은 우리가 노조 결성하기까지는 회사에 알려지면 안 되니까 '창포회'라고 했어요. 창포는 우리 회사 저수지에도 심어져 있으니까 창포회라고 하면 회사가 모를 거다. 그렇게 모임을 가지면서 노동조합에서 일하시는 분 불러다가 노조에 대한 교육도 받았고요. 제일 많이 모일 때는 150명까지 모였는데 모이는 인원이 점점 줄어드는 거예요. 이대로 가면 흐지부지되겠다는 생각을 하고 저희가 9월부터 전국여성노동조합에 한명씩 가입을 했어요. 맨 처음에는 저하고 두명이 먼저 가입을 해놓고 조금씩 조금씩 끌어들여서 가입서를 쓰게 했죠. 그렇게 10월 6일이 됐을 때 46명이 가입을 했었어요.

노동조합 결성하고 나서 관리자의 횡포가 많이 줄어들잖아요. 노조가 있으니까 조합원들이 스스로 당당해지는 거죠. 회사와의 관계에서 근로조건을 개선하는 것도 중요하지만 그보다 더 중요한 거는 자주적으로 말을 할 수 있다는 거, 부당하면 부당하다고 얘기할 수 있다는 거죠. 자신이 당당하게 살고 있다는 자부심이 있잖아요. 저한테는 그게 제일 많이 남은 거 같고, 그다음에 사람이 남았다는 생각이 들어요. 우리는 ○○식구라는.

2008년 정권이 바뀌니까 본격적으로 노조 탄압이 시작되었어요. 공공부문 선진화 정책 일환으로 사장과 임원이 바뀌면서 노골적으로 노조를 탄압하더라고요. 새 관리자가 오자마자 "지금 단협은 너희들이 좋을 대로 다 해놨다. 현 정권은 노조를 싫어한다. 이 정권에서는 너희들이 싸워도 이기지 못한다." 그러면서 2008년에 '서약서'를 쓰라고 강요했어요. 2010년에는 단협을 해지당했어요. 2008년부터 2009년까지 조합원 151명 중 59명이 해고당했어요. '해고'라는 용어를 사

캐디 근무복 대신 '단결투쟁' 조끼를 입은 김경숙씨, 오
늘도 그녀는 경기보조노동자로 당당하게 인정받기를 소
망한다.

용하지 않고 제명, 해지, 출장유보 등 근무수칙에도 없는 이런 단어 써 가면서 해고를 시키는 거죠. 해고당한 59명 중 조합을 탈퇴한 인원은 업무에 복귀시키고, 나머지는 지금 소송 중이에요. 현장에는 겨우 18 명 남았고 나머지는 생계 때문에 뿔뿔이 흩어졌습니다.

각박해지는 세상에서
삶의 연대를 꿈꾸다

스물일곱살 때부터 상당히 많은 고민을 했어요. 가정적인 문제와 결혼, 삶, 죽음, 자녀. '내가 만약에 결혼해서 자녀를 낳는다면 자녀가 몇살쯤 되면 사회가 어떻게 변할까?' 상상을 했을 때 사회가 좋게 변할 거라는 생각이 안 들었어요. 사람들이, 삶이 더 각박해질 거라는 생각을 했었어요. 그 당시 제 삶이 그래서 그랬는지, 남을 죽이고 내가 일어서야 하는 세태가 더 거세어져서 내 자식들이 살아갈 세상은 권력, 돈의 권력, 그런 모든 권력들이 사람들을 지배하게 되고 사람들은 더 불행해질 거라는 생각이 들었어요. 그래서 선도 안 보고 결혼 생각도 전혀 안 하게 됐어요. 어찌 보면 사회에 대한 불만이 많았기 때문일 거예요.

저는 그냥 그렇게 얘기해요. 사람은 학교에서도 공부를 하고요, 세상을 살면서도 공부를 하고요, 사람으로부터도 공부를 한다고요. 그전에도 제가 사람으로부터 배우고 느꼈지만 노동조합 일하면서 확장이 된 거죠. 제가 '아, 노동조합이 저를 사람으로 만들었다'라는 얘기를 자주 해요. 노동조합이 저를 조금 더 나은 인간으로 만들어줬다고요.

노동조합 결성하고 나서 바로 '캐디세상'에 글을 올리기 시작했어요. 우리 고용불안과 사고가 법과 제도의 결함에서 비롯된다고 알리는 거죠. 본인들이 이게 문제라는 인식을 해야지만 그다음에 어떻게 할까 생각을 하는 것이거든요. 이렇게 상담도 받고 하다보면 노동조합이 필요하다는 거를 알아요. 그런데 자기가 나서서 하는 거는 다 힘들어해요. 누가 좀 해줬으면 좋겠다는 거죠. 그런데 저는 그거는 자신의 문제라는 거죠. 자기 문제니까 스스로 해결할 노력과 의지가 없다면 나아지지 않는 거죠. 남 탓만 하고 세상 탓만 하고 정치인들 탓만 하고. 자기 문제를 자기가 보고 해결하도록 나아가는 것이 좀 필요하지 않을까. 저 같은 경우는 성격이 강하니까 적극적으로 행동해야 한다고 주장하는 편이고. 우리 식구들은 '언니 말이 맞기는 맞는데 힘들어'라고 하죠. 그 단계는 누구나 있을 수 있어요. '힘들어' 단계에서 실천의 단계로 한발짝 넘어가면, 그러면 되겠죠.

저도 이 싸움이 마무리되면 시골에 내려가서 살 계획을 하고 있지만 사회문제를 계속 놓고 싶지 않아요. 삶의 연대라고 생각해요, 저는. 나이 들어서 뭘 바꾸고 투쟁을 본격적으로 하는 게 아니라도 사회에 관심을 갖고 살겠다는 게 세대의 연대라고 생각해요. 그 끈을 놓고 싶지 않다는 의미예요. 진짜 꿈이죠.

한국 골프장 캐디의 역사는 100년이 넘는다. 1900년경 함경남도 원산 세관에 상주하였던 영국 고문관들이 첫 골프장을 만든 이래 1920년대 말까지는 직장 사환·하인·노무자·농부 등이 임시방편으로 캐디의 역할을 담당하였다. 골프장이 경기보조원을 체계적으로 관리하기 시작한 것은 1930년대 초 경성골프구락부에서 늘어나는 내장객을 감당할수 없자 정식 캐디 마스터를 두고 인근 마을에서 경기 진행을 위해 남자들을 고용하면서부터이다. 지금같이 여성들이 남성을 대신하여 경기보조원으로 자리잡게 된 것은 골프가 손님 접대로 널리 활용되기 시작한 1960년대부터이다. 경기보조원이 여성으로 대체되면서 그들의 역할이 단순히 골프가방 운반에 그치지 않고 내장객 써비스의 성격을 갖게 되었다.

경기보조원에 지원하면 해당 골프장에서 제공하는 수습교육을 일정 기간(3개월 정도) 받게 되며, 교육 종료시 캐디 고유번호를 부여받고 그 순번대로 사전 예약된 경기시간표에 따라 경기보조를 하게 된다. 현재는 전동카트가 도입되면서 대부분의 골프장에서는 4백(bag) 1캐디 씨스템(4명의 내장객을 캐디 한명이 담당)으로 운영되고 있으며, 평균 캐디피는 라운드 1회당 9~10만원이다. 경기보조원의 소득은 소속 골프장에 정해진 캐디 수수료와 배치 경기의 수로 결정되며, 최근에는 일부 골프장에서 등급을 두어 캐디 수수료를 차등화하고 있다. 골프캐디협회에 따르면 3월부터 11월까지의 성수기에는 경기보조원 1인당 월

35~40경기가 배정되는 반면, 12월부터 2월까지의 비수기에는 지역에 따라 휴장하거나 경기수가 절반 이하로 줄어든다고 한다.

골프장 경기보조원 종사자의 규모는 정확히 알려져 있지 않다. 통상 18홀 기준으로 약 80명 정도의 경기보조원이 필요하고 36홀의 골프장에는 대략 160명이 근무한다. 전국의 골프장 수가 400여개라는 점을 감안할 때, 전체 경기보조원의 수는 4만명을 넘어설 것으로 추산된다. 다른 나라의 경우 골프장 경기보조원은 크게 전속 캐디와 프리랜서 캐디로 구분되며, 전자의 경우에는 근로자 지위가 인정되지만 후자는 개인사업자로 취급된다. 우리나라의 경우에는 거의 모든 골프장 경기보조원들이 전속 캐디로 일하고 있음에도 불구하고 법원에서는 엇갈린 판결을 내놓고 있어 근로기준법상의 근로자로 인정받지 못하고 있다. 다만, 경기보조원은 4대 특수고용직종 중 하나로 2008년 7월부터 산재보험의 적용을 받게 되었다.

아름다워지고자 하는
인간의 욕망을
다루는 사람

배지은씨는 사진 촬영이
곤란하다는 의사를 밝혀 사진을 싣지 못했습니다.

도심 곳곳을 둘러보면 대형 프랜차이즈 업체들이 운영하는 미용실이 즐비하다. 헤어디자이너 배지은씨가 일하는 헤어숍은 지하철역 인근에 있었고, 바로 근처에도 경쟁 업체가 있었다. 그녀가 일하고 있는 곳 역시 국내 유명 프랜차이즈로, 요즘 유행하는 까페같이 안락한 분위기의 인테리어를 해놓았다. 그녀를 기다리는 동안 안내데스크에서 까페에서나 맛볼 수 있는 커피와 차를 일회용 잔에 제공해주었다. 고객들은 대기 시간 동안 컴퓨터로 인터넷을 사용하고 있었다.

배지은씨와 인터뷰가 진행된 날은 오전부터 계속 비가 내렸다. 인터뷰 중간에 알게 된 사실이지만 비 오는 날엔 손님이 별로 없다고 한다. 그래서인지 인터뷰가 진행되는 오후 내내 매장은 매우 한가했다. 헤어디자이너는 손님을 받은 만큼 매출이 늘어나고, 예약 손님 외에도 그날그날 찾아오는 손님을 자신의 지정고객으로 받아야만 소득이 된다. 이런 이유로 지은씨는 보통의 직장인과 달리 바쁜 날이 오히려 더 뿌듯하단다.

프랜차이즈 헤어디자이너 대부분이 20~30대이듯 그녀 역시 20대 초반에 뷰티 산업에 발을 들여놓았다. 3년이라는 고된 스태프 생활을 견디고 이제는 헤어디자이너로서 자리를 잡아가고 있는 그녀는 다른 디자이너들과 마찬가지로 경력을 쌓은 후 개인 숍을 내는 것을 꿈꾸고 있다.

학원 전단지 한장에 결정한
헤어디자이너의 길

고등학교 2학년 때 방과 후 학교 앞에서 미용 학원에서 온 사람들이 전단지를 나눠주더라고요. 중고등학교 때부터 막연히 미용 쪽 일을 하고 싶다는 생각은 있었지만 확신은 없었거든요. 그날 전단지를 받으면서 '이거 해야겠다'라는 생각이 들었어요. 그래서 아빠를 엄청 졸랐어요. 절대 안 된다며 반대를 많이 하셨는데, 미용 학원 다니는 데 100만원 정도면 된다고 정말 조르고 졸라서 다녔어요. 학원 재료도 딱 필요한 것만 사고 필요없는 것은 안 사서 재료비를 최대한 깎았어요.

저희 동네엔 미용 학원이 없어서 버스로 한시간 거리인 강릉으로 학원을 다녔어요. 근데 왜 그 멀리까지 학원을 다니느냐고 하시는 거예요. 그래도 거기 꼭 다녀야겠다고 말했어요. 제가 고집이 있거든요. 그땐 학원 통학버스가 있어서 집까지 바래다줬어요. 저희만 다니는 게 아니고 다른 학생들도 있었거든요. 같이 타고 다니면서 왔다 갔다 했어요. 인문계 고등학교였지만 평일엔 6교시 마치고 학원 다니는 사람들은 야자를 빼줬어요. 그래서 6시에 출발하면 7시쯤 학원에 도착해서 9시쯤 끝나고, 집엔 10시쯤 왔던 것 같아요. 방학 때는 학원에 좀 더 있었던 것 같네요. 학교 다니면서 다녀야 하니까 가끔 못 간 적도 있었어요. 그럼 학원에서 기간을 연장해줘서 고3 때까지 꾸준히 다녔어요. 나중에 미용학과 갈 때도 아빠를 엄청 졸랐어요. 막상 하니까 좋아하시더라고요! 잘하고 있느냐고 가끔 물으시기도 했어요.

하루 10시간 이상의 고된 실습 생활

미용학과는 2년제다보니까 하루가 수업으로 꽉꽉 채워져 있어요. 공강이라곤 전혀 없고 이론은 이론대로, 실기는 실기대로 배워요. 이쪽은 방학 때 한번씩 실습이 필수예요. 저는 피부로 전공을 바꿀 생각으로 헤어로 실습을 나가지 않고 1학년 겨울방학부터 2학년 여름방학까지 피부관리 쪽으로 실습을 했어요. 선배들이 피부는 호봉이 높고 헤어는 낮다고 했거든요. 학교하고 협력 맺은 업체에서 두달 넘게 실습을 했죠. 학교는 지방인데 실습은 서울로 올라와서 했어요. 그런데 막상 실습을 해보니 피부는 도저히 저랑 안 맞더라고요. 헤어도 그렇지만 처음에 힘들었던 게 피부 같은 경우엔 살과 살이 닿잖아요. 피부는 마사지하면서 힘을 많이 쓰니까 몸이 엄청 붓고 약해지고 망가져요. 하루에 거의 실습을 13시간 해요. 제가 그만두기 직전이 기억나요. 그날 진짜 바빴어요. 13시간 실습하면서 10시간 일했으니까요. 10시간 일했다는 거는 손님을 풀로 받았다는 거거든요. 한 사람에 최소 40분 정도 걸리니, 하루에 열명 정도 받은 거죠. 그렇게 일하고 실습 때 받은 돈이 100만원이 안 돼요. 그나마 기숙사가 있어서 교통비나 식비는 안 들었어요.

제가 피부에서 헤어로 옮긴 거는 친한 친구가 지방으로 전학 가면서 그 지역 헤어숍에서 같이 실습하자고 해서 본격적으로 넘어온 거예요. 거기에서 한달간 스태프 생활 하다가 그만뒀어요. 친구 소개로 잠시 갔던 거고, 서울로 나갈 생각이었거든요. 동네 헤어숍이라 정체 되는 것도 같고, 월급도 55만원밖에 안 됐거든요. 그만두고 집에 일주 일 정도 머무르는 동안 친구 소개로 서울에 있는 헤어숍에 면접 보고 일하게 된 거죠. 헤어숍 들어와도 인턴처럼 스태프 3년 과정을 지내야 헤어디자이너가 돼요. 스태프는 파마, 드라이, 컬러(염색), 커트 이런 단계별 과정을 거쳐야 해요. 각 단계별로 6개월이 지나면 레벨 테스트 를 받는데, 모든 테스트를 통과하는 데 3년 정도 걸려요. 인내심이 없 으면 버티기 힘들어요. 하루 11시간 일해야 하고, 손에 물이 마를 때 가 없거든요. 겨울엔 더 힘들어요. 그때 스태프 초봉이 75만원 정도밖 에 안 됐어요. 그나마 기숙사가 있어서 다행이었죠. 저는 중간에 고비 가 한번 있었어요. 같이 들어온 친한 친구가 서너명 있었는데, 점장님 하고 불화 때문에 모두 나갔어요. 저도 그때 같이 그만두려 했는데, 애 들이 저와 상의도 없이 바로 질러버린 거예요. 대책도 없이 그만둔 거 죠. 그때 선생님들이 "애들하고 같이 나가면 너만 망가지는 거다"라 고 말씀하시면서 잡으셨어요.

즐거웠던
스태프 생활

사실 스태프 시절엔 기숙사에 동기가 친구들 위주로 많이 있어서 외롭거나 힘들지는 않았어요. 일 끝나고 기숙사에 들어오면서 친구한테 연락하면 "언제 들어와?" 막 이러고, 다른 지점에도 친구가 있으니까 그 친구들하고도 놀러 다니고 그랬죠. 스태프 시절엔 남자친구가 없었거든요. 쉬는 날이 겹치는 친구들이 있으면, 그 친구들이랑 전날부터 무작정 놀아요. 저녁 9시에 끝나면 일단 집으로 가요. 옷을 갈아입어야 하니까요(웃음). 옷을 갈아입고 밖으로 나가요. 1차로 술을 마시든지 클럽은 아니고 나이트 같은 곳에 가요. 클럽을 좋아하는 애들이 별로 없어서 나이트를 갔죠. 친구들이랑 밖에서 새벽 4시 반까지 놀 때도 있어요. 퇴근하면 기숙사 친구들과 캔맥주 마시고 놀기도 하고, 동대문 구경도 가고요.

기숙사는 매장 인원에 따라 달라요. 규모가 큰 곳은 해당 점 스태프가 별도로 한방을 사용하고, 규모가 작은 곳은 인근 점 스태프와 합쳐요. 기숙사는 방 두개에 거실이 딸려 있는데, 보통 방에 언니들이 두명씩 들어가고, 신입이 거실에서 살죠. 스태프에서 디자이너가 되면 기숙사에서 빠지고, 경력 순으로 방에 들어가요. 그중 가장 오래된 사람이 제일 좋은 데 살고, 침대 하나하나 차지하는 거죠. 처음엔 기숙사 생활이 불편한데, 지내다보면 불편한 건 없어요. 공동생활이다보니 청소가 잘 안 돼요. 날짜를 정해서 서로 하긴 하는데, 오전에 청소해도 저녁때 보면 도로 더러워지거든요.

비 오는 날, 방학 그리고
시험기간엔 손님이 없어요

점장님이 짜준 월별 스케줄에 따라 출퇴근이 정해져요. 조근, 중근, 야근으로 구분되는데, 스케줄은 한달씩 나와요. 중간중간에 약간 바꾸기도 해요. 원래 저는 이번 달 야근인데 오늘은 조근하실 분이 없어서 8시에 출근했어요. 야근은 낮 12시부터 손님을 받으니까 11시 40분쯤 출근해요. 숍에 오자마자 출근카드 찍은 다음 의상이나 헤어 준비하고 고객을 받죠. 보통 저녁 9시 반까지는 고객님 받으니까 10시에 퇴근하는 편이에요. 조근은 8시나 9시 출근, 중근은 10시, 야근은 12시 출근이죠. 스태프는 선생님들보다 1시간 30분 더 일찍 나와서 준비해요. 데스크(점장, 부점장 혹은 매니저)는 디자이너랑 똑같아요.

매장에서 평균적으로 커트는 한명에 30분씩 예약을 받아요. 더 빨리하는 경우도 있고요. 저는 15분 정도 걸려요. 파마가 제일 오래 걸리고 머리숱이 많은 고객은 네시간 반까지도 걸리죠. 중간중간 다른 커트 고객 받기도 하지만 저희가 하루 10시간 근무하다보면 정말 바쁜 경우엔 다 차는 경우도 있어요. 보통 고객님들은 예약을 하고 오시지만 안 하고 오시는 분도 있으니까요. 커트 열명 하고, 파마도 서너명 정도 하면 아주 바쁜 날이죠. 그런 날은 퇴근하면 일단 기분은 좋아요. 몸은 엄청 힘든데 발은 뻗고 자요. 식사는 중간에 고객 없으면 12시에서 1시쯤 먹는데 거의 1시 넘어서 먹어요. 고객 있으면 알아서 중간중간에 먹어요. 어떨 땐 6시에 먹은 적도 있어요. 숍에 반찬 갖다주시는 아주머니가 있어서 밥은 여기서 해서 먹어요. 전자레인지도 있거든요.

아무래도 주말에 손님이 더 많고 제일 바빠요. 주중에는 보통 오후 타임이 바쁘지만 주말에는 아침부터 바빠요. 그래서 출근도 한시간 더 빠르죠. 일을 하다보면 어떨 때는 고객이 아예 없을 때도 있어요. 하루에 두세명 있는 날도 있어요. 저도 지금 커트 세명 했어요. 주말에도 오늘같이 비 많이 내리는 장마 땐 고객이 많지 않아요. 비 오는 날 파마하면 머리가 잘 안 나온다는 인식이 있거든요. ○○여대처럼 대학 근처는 방학에 고객이 없고요. 강남 학원가(街)는 애들 시험기간에 고객이 없어요. 시험기간엔 어머님들이 안 나오세요. 애들 공부하는 것 봐주고, 학교나 학원에 데리러 가야 하거든요.

초등학생과 유치원 아이들이 제일 힘들어요

제가 담당하는 손님을 지정고객이라고 해요. 처음 온 손님이 담당 선생님이 없으면 그날 시간 되는 디자이너에게 배정되는 거예요. 개인적으로 실장님 찾는 분이 아니면, 데스크에서 선생님들에게 "지금 들어가실 수 있으세요?"라고 묻죠. 그때 할 수 있으면 들어가는 거예요. 그러면 지정고객이 되는 거죠. 처음에 되게 무섭고 떨렸는데 갈수록 자신감이 붙어요. 사람마다 다르긴 한데 한 1년 정도면 어떤 스타일의 손님들이라도 거부감 없이 할 수 있는 위치가 돼요. 스태프로 생활하면서 손님들이 어떻게 하는지, 선생님이 어떻게 말하는지 봐온 게 있잖아요. 그래서 저도 스태프들한테 많이 보라고 얘기해요.

디자이너가 되더라도 처음엔 중고등학생이나 아저씨 위주로 손님을 받아요. 아무래도 여성이나 아이들보다는 마음이 편하니까요. 꼬마들은 힘들어요. 애들은 머리가 움푹 들어가 있기도 하고 튀어나와 있기도 해서 어려워요. 아직 두상이 완성되지 않아서 그렇죠. 머리 자를 때 막 움직이기도 하고요. 그리고 초등학생이나 유치원 애들은 혼자 오지 않고, 옆에 엄마가 있어요. 예쁘게 잘라놔도 어머님들이 민감하니까 쉽진 않아요.

좋은 손님은, 자기가 어떤 스타일을 하고 싶은지 모르겠는데, 제가 처음 해준 스타일을 거부감 없이 잘 받아주시고 만족하시는 분이죠. 호감 가는 스타일이죠. 사실 처음에 손님이 "나 잘 모르겠으니까 언니가 알아서 해줘요"라는 식으로 말하면 부담감이 있긴 한데, 만족하고 잘해줬다고 다음에 또 오고 그러면 뿌듯하죠.

반면 '텃세'라고 해야 하나, 그런 분들이 있어요. 자기는 예전에 다른 선생님 담당이었는데, 그분이 그만두는 바람에 저한테 자르게 된 거죠. 그런데 그 손님이 화가 난 거예요. "아유! 여기는 왜 그래?"라고 하면서, 다른 디자이너한테 화풀이하는 거예요. 딴 선생님한테 가서 제가 어떤 사람인지 한 사람 한 사람한테 다 물어봐요.

그리고 어떤 VIP 아주머니는 커트 머리인데 머리를 조금만 다듬어 달래요. 샴푸도 안 하신대요. 그래서 다듬었어요. 샴푸도 안 하고 뒷머리가 짧아지면 당연히 가벼워지는 느낌이 들거든요! 그 느낌이 너무 싫다고 하시는 거예요. "내 머리 이제 어떻게 할 거냐? 너무 죽은 것 아니냐?"라고 말하시는 거예요. 제가 샴푸를 하면 괜찮다고 샴푸를 권해드렸는데 그건 또 안 하신다면서 계산을 하고 나가셨어요. 그러더니 다시 전화를 하셔서 "도저히 안 되겠다. 이거 어떻게 해달라."라고 실장님한테 말씀하셔서 실장님이 다시 커트하고 파마까지 해주셨어요. 고객님이 무작정 싫다고 하시니까 저희 입장에서는 뭐라 할 수 없죠. 그게 제일 기억에 남네요.

아파서 병원을 가려 해도
쉴 수 없어요

스태프는 주 5일, 디자이너 선생님들은 주 6일 근무를 해요. 주말엔 바빠서 쉴 수 없고, 주중에 하루 선택해서 쉬죠. 스태프도 예전엔 주 6일이었는데 요즘은 그러면 사람을 구할 수가 없어서 주 5일로 바뀌었어요. 휴가는 여름휴가, 추석휴가, 설휴가 이렇게 세번 있어요. 여름휴가는 사람마다 달라요. 근무한 지 6개월 미만은 하루, 6개월 넘으면 3일 주거든요. 그리고 연차가 오래되면 하루 더 주죠. 제 생각엔 설이나 추석 같은 명절엔 그냥 매장 쉬면 좋을 것 같아요.

일하다보면 바닥에 널린 전선이나 의자 다리에 걸려 넘어지거나, 손으로 일하다보니 손목이나 어깨에 무리가 갈 때가 있어요. 베이고 찔리는 일도 많죠. 하루종일 서서 일하다보면 다리나 발도 아파요. 하지정맥류 때문에 병원 다니는 사람도 많아요. 운동화 신고 일하면 좋은데 여자 선생님들은 운동화를 못 신어요. 디자이너들은 매장에서 보여주는 직업이어서 꾸며야 하기 때문에 운동화는 못 신는 거죠. (다리를 보여주면서) 저도 하지정맥류가 심해요. 다른 사람에 비해 다리가 약한가봐요. 병원에 가려면 한달은 쉬어야 하는데 쉴 수가 없어요. 쉬려면 돈도 모아놨어야 하는데 그것도 아니니까요.

직장 생활의 꿈,
톱10이 되는 것

디자이너 일이 힘들지만 적응은 돼요. 지금 와서 느끼는 건데 사무실에 앉아서 일하는 건 적응하지 못했을 것 같아요. 써비스업이 힘들땐 힘든데 누가 일해도 다 힘드니까 힘들어도 그냥 넘겨요. 사실 이쪽 일 힘든 건 내부 문제가 더 크죠. 내부에서 힘들게 하는 사람들이 있거든요. 그게 더 스트레스죠. 누군가에게 시달리다보면 그만두어야겠다, 그냥 다른 데로 가보자, 이래서 왔다 갔다 하죠. 다른 데로 갈 땐 아는 사람들 소개로 많이 가는 편이에요. 일하면서 알게 된 분들이 '이쪽으로 와봐라' 해서 옮기게 되는 거죠. 하지만 옮기면 손해예요. 원래 알던 사이면 괜찮은데, 그렇지 않으면 지정고객도 없이 다시 시작해야 하거든요. 디자이너들도 순번이 있는데, 그게 지켜지지 않으면 힘들죠! 그래서 디자이너들과 데스크가 마찰도 있어요. 왜냐하면 매출을 올리는 건 디자이너인데 어느 순간부터 점장님들에게 밀리더라고요. 사소한 것에 마찰이 생기다보면 '이건 아닌 것 같은데' 하는 불만도 생기고, 그게 쌓이다보면 트러블이 생기는 거죠. 윗분(실장·수석디자이너·점장)들이 따로 얘기는 하죠. 그런데 자꾸 쌓이고 쌓이다보면 한꺼번에 일이 터지는 거죠. 그래서 조금 아니다 싶으면 나가는 거죠.

수석디자이너나 실장님들은 개인 숍(프랜차이즈 가맹점)을 내는 것이 꿈이라면 꿈이겠죠. 제 꿈은 톱10(매출 상위 10명)이 되는 거예요. 점별로 매출 톱10이 있어요. 톱이 된다는 건 매출이 높다는 거고, 매출이 높으면 제 능력을 인정받는 거죠. 우리 디자이너들은 보통 개인사업자(자유직업소득자)라서 카드 수수료 2퍼센트, 세금 3.3퍼센트 제외하고 매출 목표에 따라 급여가 제공돼요. 만약 이번 달 매출 800퍼센트를 제가 달성해서 160만원을 받는다고 쳐요. 그런데 매출이 500퍼센트면 더 내려가서 140만원 정도 받게 되죠! 물론 1000퍼센트 올리면 더 받는 거고요. 매출은 커트나 컬러, 파마 등 결제액에서 10퍼센트를 숍에서 제외하고 계산해요. 현금 결제한 파마의 경우엔 10퍼센트 공제를 하지 않아서 좋죠. 헤어 쪽은 월급제도 있는데 대부분 매출별 실적제예요. 저희들도 개인별 경력에 따라서 월급제 하면 좋긴 한데, 아마 안될 거예요. 매출이 많으면 오너라는 생각은 드는데 그것도 아닌 것 같아요. 저희 매장 자체 규율이 있고, 사장님 말도 들어야 하고, 지시에 따라 일해야 하니까 개인사업자라고 해서 사장은 아닌 것 같아요. 직원 느낌이죠.

저는 투표할
시간도 없어요

투표는 한번도 안 했어요. 투표할 시간도 없지만 투표할 생각을 못했어요. 다른 선생님들도 거의 안 하세요. 저도 그렇지만 대부분 집이 서울이 아니고, 주소 이전을 안 해서 아마 우편물도 고향 집으로 가는 사람들이 많아요. 저는 지금 서울로 주소지를 옮겨서 우편물은 받아요. 지난번엔 무슨 선거 한다고 후보 공보물이 왔어요. 여덟명인가 나왔더라고요. 저는 안 보려고 했는데, 친구가 자기 아빠가 나왔다고 보여주기에 봤어요. 저도 한번은 투표해야겠다는 생각은 드는데, 절차도 복잡하고 일하다가 중간에 빠져나가서 투표할 수도 없잖아요.

아침에 뉴스는 보는 편이거든요. 요즘 촛불시위 그런 것 시청에서 하잖아요. 대학생들 등록금 시위 하는 걸 보면 할 만한 것 같아요. 저도 학교 다닐 때 첫 학기에 입학금 다 합쳐서 한 300만원 가까이 됐거든요. 그때 300만원이면 너무 비싼 거잖아요. 예전에 제가 서울 처음 왔을 때 비가 한참 오는데 광화문에서 (한미)FTA 그런 것(집회) 진짜 많이 하더라고요. 그런 것 보면 저는 상관없는 사람이기는 한데, 보통 사람들이 직접 나서서 시위하는 것 보면 신기하더라고요. 멋있다고 해야 하나. 일단 나라를 위해서 직접 뭔가 하는 거니까 뿌듯하다 그래야 하나, 그런 느낌이 들어요. 저는 막상 그러질 못하니까. 저는 시청 같은 데 갈 수는 없죠. 같이 갈 친구도 없고요.

아름다워지고자 하는 인간의 욕망과 관련된 산업이란 말처럼, 아름다움에 대한 사회적 관심이 높아지면서 피부·미용업이 성장 추세를 보이고 있다. 몇몇 대형 프랜차이즈 업체들이 시장의 주도권을 쥐면서 프랜차이즈 헤어숍과 개인 헤어숍으로 미용 산업이 양극화되었다. 한국에서 프랜차이즈 헤어숍이 시작된 것은 30년 전으로 볼 수 있다. 미용 프랜차이즈 사업은 1980년대 초 명동의 일부 대형 헤어숍을 중심으로 시작돼 현재는 미국과 유럽 그리고 아시아 등 해외까지 진출했다. 미용업(헤어)은 2007~11년 사이에 업체 수는 8만 2천여개(2007년 대비 6%), 종사자 수 12만 6천여명(2007년 대비 7%), 매출액 3조 6천여억원(2007년 대비 16%)으로 모두 증가했으며, 정부는 2015년까지 미용업 종사자가 연평균 0.047% 증가할 것으로 보고 있다. 현재 프랜차이즈 헤어숍은 커트나 염색뿐 아니라 두피·모발 관리, 네일아트 등 다양한 써비스를 제공한다. 일부 전문 헤어숍의 경우 써비스에 따라 공간을 분리하여 차별화 전략을 추구하고 있다.

2012년 말을 기준으로 수도권 매장의 80%가 주요 7대 프랜차이즈 헤어숍이다. 거의 모든 업체들은 매장을 직영점과 가맹점(프랜차이즈)으로 구분하여 운영하고 있으며, 개인 헤어숍은 영세성을 면치 못하고 있다. 실제로 2011년 기준으로 4인 이하 영세업체 비율이 97%(사업체 8만여개, 종사자 10만 3천여명)를 차지하고 있다. 하지만 한국 헤어 프랜차이즈 사업 성장의 이면에는 전근대적인 직원 관리 씨스템과 고용구조의 문제가 잔존한다. 특히 프랜차이즈 헤어숍 종사자인 스태프의 도제식 훈련 과정과 열악한 노동조건, 그리고 특수고용형태인 헤어디자이너의 노동자성과 인센티브제에 기반한 임금체계 등 노동조건 문제는 한국 미용 산업의 어두운 그늘이다.

헤어디자이너의 임금 및 근로조건은 업체별로 차이가 있다. 일반적으로 초급 디자이너(스타일리스트, 경력 2년 미만)는 120~150만원 수준이며, 중급 디자이너(경력 2~5년)는 150만원 이상을 받고 있다. 임금체계는 성과급제로 기본급(120~150만원)과 인센티브(300~500만원 이상)로 구분된다. 고급 디자이너(실장급, 경력 5년 이상)는 기본급(170~200만원)에 비해 인센티브(500~700만원 이상, 약 30% 이상) 비중이 비교적 높다.

안정된 삶보단
끊임없이 사회에
메시지를 던지는
사람이 되고 싶어요

김현주씨는 사진 촬영이
곤란하다는 의사를 밝혀 사진을 싣지 못했습니다.

첫 만남이 있었던 4월의 어느 금요일 저녁. 보통의 직장인이라면 한주의 피로를 풀며 휴식을 즐길 시간에 현주씨는 두세시간의 짧은 인터뷰 동안에도 회사에서 온 수차례의 전화를 받아야만 했다. 그주의 방송을 마치고 주어진 짧은 휴식을 온전히 만끽하지도 못했는데 한달 후에 있을 다음 방송을 위해 일요일에 또다시 출근해야 한단다. 섭외 당시, 쉽게 찾을 수 없었던 구성작가 조직의 연락처와 수식 없이 건조했던 응대도 아마 시간에 쫓겨 돌아가는 방송사 조직의 특성 때문이었던 듯하다.

이름만 대면 모르는 사람이 없는 유명한 시사프로그램의 메인작가인 그녀는 막내 시절, 작가가 하고 싶어 미친 사람들이 아니면 다른 사람에게 권하지 않는다는 이 일을 최저임금도 안 되는 시급에 하루 열대여섯시간씩 했다. 그만두고 싶다는 고민도 했지만 그래도 내 이름으로 된 글은 한번 써봐야 하지 않겠느냐며 여기까지 버텼다.

덕분에 이제는 그녀의 경력으로 방송국 밖의 여러 외주 제작사나 기업의 일을 하며 큰 수입을 올리는 것이 그리 어렵지 않다. 원한다면 일에 얽매일 필요 없이 더 안정적인 삶을 살 수도 있다. 그런데도 그녀가 방송국을 고집하는 이유는 바로 시사프로그램만이 줄 수 있는 재미와 희열 때문이란다. 짧은 시간 내에 자신을 불태워 끊임없이 사회에 메시지를 던지는 것, 그것이 오늘도 김현주씨를 늦은 밤까지 깨어 있게 만든다.

머리도 식힐 겸
우연히 시작하게 된 방송작가 일

중고등학교 시절에는 약간 냉소적이고 우울한 성격이었는데 대학교 들어와서 학생운동을 하면서 되게 긍정적으로 바뀌었어요. 지금의 저를 보면 상상할 수 없겠지만 그때는 하루종일 공부만 하고 밥도 혼자 먹고 친구도 절대 만나지 않았거든요. 제가 살던 곳이 평준화가 안된 지역이었어요. 그렇다보니 중3 때부터 공부만 하는 지옥 같은 생활을 반복했어요. 자연스레 주변 사람들과도 멀어지고 그랬죠.

그렇게 대학에 들어왔는데 봄에 학내에서 문화제 같은 행사들을 많이 하잖아요. 그때 여성위원회라는 자치단위가 진행하는 행사가 참 재밌더라고요. 곧바로 그곳을 찾아갔고 학부 시절 내내 여성위원회 활동을 하게 됐죠. 제가 98학번인데 당시 화두가 그거였어요. 대학 안에서 반(反) 성폭력 학칙 만드는 거. 서울 지역 여러 대학들이 연대해서 규정을 만드는 작업을 했고, 2002년 정도에는 대부분 대학에서 관련 학칙이 거의 다 만들어졌어요. 여성위원회 내에서도 여러 활동들이 있었는데 저는 섹슈얼리티나 반 성폭력 관련 활동을 주로 했거든요. 방학 내내 아침부터 밤까지 학교마다 옮겨다니면서 각종 회의를 하고, 밤에는 이론서 같은 거 보면서 세미나 준비도 하고. 그런 작업들이 되게 재밌었어요. 생각해보면 그때가 인생에서 가장 찬란했던 시기였던 것 같아요.

졸업하고 나서도 공부를 이어가려고 여성학과 대학원으로 진학했는데 문득 그런 생각이 들더라고요. '아무리 현장의 고민과 맞닿아 있다고 해도 내가 공부하고 있는 이론은 그냥 이론인 거고, 그게 당장 현장에서 어려움을 겪고 있는 사람들과 무슨 연관이 있느냐?' 대학원 생활을 하면서 현장과 연계 활동을 해야겠다는 문제의식이 있었어요. 또 2004년에 대학원을 수료하고 논문학기에 들어가기 전에 잠깐 머리를 식힐 겸 다른 일을 해보고 싶다는 생각도 들었죠. 그때 방송사에 있던 학교 선배가 잠깐 3개월 정도라고 얘기해서 소개받고 이 일을 시작한 건데 그게 어찌어찌 여기까지 오게 됐어요.

정식 구성작가 자격증, '잇뽕'

구성작가는 크게 막내작가, 서브작가, 메인작가로 나뉘어요. 안에서는 그게 정식 호칭이에요. 막내작가는 주로 사전 조사를 담당하는데 취재에 필요한 정보들을 수집하거나 연결 가능한 취재원을 타진해서 PD가 취재를 나갈 수 있게 세팅하는 작업을 해요. 스크립터라고도 하는데 보통 1년에서 2년 정도 해요. 서브작가는 본인이 직접 섭외나 인터뷰를 하기도 하고 조금 덜 중요한 자료조사는 막내작가한테 일을 분담해줘요. 그리고 말 그대로 작가 업무, 글을 쓰는 일을 하죠. 방송계 표현으로는 '잇뽕'* 한다고 하는데 처음으로 자기 글을 집필하는

---

* 데뷔 혹은 데뷔작을 의미하는, 일본에서 유래한 방송계 은어. 정확한 표기는 잇뽄(入本).

것, 즉 처음으로 프로그램에 글을 쓰는 것을 뜻해요. 작가는 잇뿅이 전부예요. 잇뿅이 곧 자격증이죠. 그런 의미에서 막내작가는 사실 작가가 아니라고 할 수 있어요.

잇뿅을 하면 그때부터는 서브작가가 돼요. 만약에 한시간짜리 프로그램에 세개의 아이템이 나간다고 하면 그중 하나를 쓰는 게 서브작가인데, 이때 메인작가는 해당 프로그램의 전체 아이템을 관리하는 역할을 해요. 메인작가는 제작은 하지 않고 아이템 방향을 조언해주거나 대본을 손보는 역할을 하죠. 다만 한번에 하나의 아이템이 방영되는 굵직한 프로그램에서는 다들 다른 프로그램에서 메인작가를 하고 왔을 정도의 경력이라서 서브작가 없이 자기 프로그램을 자기가 직접 만들어요.

보통은 방송아카데미를 졸업하고 그곳 강사들의 소개를 거쳐서 작가 일을 시작하는데 저는 방송 일을 전혀 모르고 입문을 했어요. 처음 들어간 프로그램이 ○○○였는데 처음 만났던 분들이 장애인이에요. 그런데 이분들이 경험하고 있는 현실이 학교에서 책으로 배운 것들하고는 너무 다른 거예요. 또 보통 작가들이 현장에 직접 나가는 경우는 그렇게 많지 않거든요. 사전 인터뷰를 하고 섭외가 되면 PD가 나가서 촬영하는 방식이에요. 두번째 갔던 프로그램이 △△△인데 거기는 제작진이 독특하게 첫날 무조건 섭외된 곳에서 취재원들을 같이 만나는 작업을 하는 거예요. 그걸 보면서 스스로 성찰도 하게 되고, 현장에 있는 목소리를 담을 수 있다는, 직접 들을 수 있다는 것에 재미를 느끼기 시작했던 것 같아요. 게다가 여기가 단 한주도 같은 일을 할 수 없는 구조잖아요. 매번 다른 사건에, 매번 다른 문제를 다루니 똑같은 아이템을 만나는 경우가 몇년에 한번 있을까 말까 해요. 그래서 거의 매일 새로 공부하고 새로운 사람들을 만나야 하는데 그런 과정들도 재밌었어요.

친구는 사라지고
애인이랑 헤어진다

그런데 일하는 조건은 너무 열악했어요. 아침 10시까지 출근하는데 끝나는 시간이 보통 새벽 3~4시. 자기 시간이라는 건 아예 없고 일주일에 한번, 방송이 나가는 날 잠깐 쉴 수 있고, 약속도 할 수 없고 누구를 만날 수도 없고, 남들처럼 운동을 다닌다거나 학원을 다닌다거나 이런 것은 상상할 수도 없었어요. 지금도 막내들은 마찬가지예요. 제가 막내작가일 때 작가들끼리 시급 계산을 했었는데 패스트푸드점 아르바이트보다 훨씬 적게 받는다는 계산이 나온 적 있어요. 패스트푸드점 같은 경우에는 보통 대학 재학 중에 아르바이트로 하지만 여기는 그래도 대학이나 대학원 졸업한 사람들이 직장으로 생각하고 들어오는 경우가 많잖아요. 그런데 8년이 지난 지금도 막내 월급은 거의 안 올랐어요.

구성작가 일을 하면서 가장 많이 달라진 건 모든 생활과 모든 삶이 방송에 맞춰져 있다는 거예요. 업무 자체가 급박하게 돌아가는 방송

일정에 맞출 수밖에 없는 환경이라서 그런 것 같아요. 펑크 나면 바로 사고로 연결되니까. 일 시작하면서 제일 많이 듣는 얘기가 '친구는 사라지고 애인이랑 헤어진다'라는 거예요. 내부에서 만나서 결혼하는 경우 빼고는 밖에서 사람들 만나는 시간은 거의 없거든요. 구성작가 대부분이 여자예요. 밖에서 사람 만날 시간은 없고 아무래도 일을 하면서 점점 가까워지다보니까 한해에 몇 커플씩은 PD랑 작가가 결혼하더라고요. 그리고 남들 쉬는 토·일요일에 아예 못 쉬는 사람들도 많고 공휴일도 못 쉬고 새벽에 끝나고 그러니까 약속 하나를 마음대로 잡을 수가 없어요. 자료 찾고 영상 보고 구성 생각하고 아이템 취재만 하기에도 시간이 부족하거든요. 세상이 뭐가 어떻게 돌아가는지도 잘 몰라요. 뉴스 볼 시간이 없으니까요. 방송국이 출퇴근시간은 자유로운 편인데, 업무가 워낙 많으니까 사실상 이런 장시간 노동이 강제되는 거예요.

운동할 시간도 없어요. 테니스를 정말 배우고 싶었는데 그것도 시간이 없어서, 일주일에 두번이나 세번은 일정한 시간에 강습을 받아야 되는데 그게 아예 불가능하잖아요. 운동을 끊어놓고 갈 수 있는 사람이 거의 한명도 없어요. 다들 이렇게 건강 관리를 못하다보니 지병을 달고 살아요. 저보다 어린 나이에 디스크 때문에 수술받은 친구들도 많고, 담배 많이 피우고 계속 밤샘 작업하고 쭉 앉아서 생활하고 이러니까 몸이 안 좋은 사람이 많죠. 방송사에서 해주는 복지라고 해봐야, 회사 안에 수면실 만들어놓고 집에 못 가는 사람 거기서 잠깐씩

자게 하는 거예요. 그런데 그것도 여섯명밖에 못 들어가서 소파에서
기절하는 사람들이 대다수예요.

보통의 프리랜서는 출근을 안 한다거나 출퇴근이 자유롭다거나 업
무 외에 자기가 하고 싶은 일들을 여러가지 할 수 있다거나 그렇잖아
요. 그런데 여기는 직원들과 똑같은 시간에 출퇴근하고 다른 일을 하
기도 굉장히 힘들어요. 다른 데 시간을 쓸 수 있는 구조가 전혀 아닌
거죠.

자기가 방송국 직원이라고
생각하는 사람은 없어요

구성작가는 다들 '나는 프리랜서다, 이 회사 직원이 아니다'라고
생각하고 있어요. 일단은 고용형태가 불안정한데, 팀장이 마음에 안
들어하면 내일이라도 잘릴 수 있는 거예요. 내일 당장 제가 그만둬도
사실은 대체 가능한 게 여기 씨스템이니까 회사는 아쉬울 게 아무것
도 없는 거예요. 프리랜서 작가나 PD들이 많다보니까 방송사 차원에
서는 아쉬울 게 하나도 없는 거고. 계약도 그냥 '내일부터 출근하세
요' 뭐 이런 식으로 구두로 던지고 말아요. 작가들도 마찬가지로 같이
일하는 팀장이 너무 거지 같다거나 성격이 나랑 안 맞다 그러면 '나는
이번 편까지만 하고 내일부터 안 나올게요'라고 통보하면 달리 제재
가 없어요. 그렇다보니 저희들 스스로도 어디에 정착해야 할지 잘 모
르는 거죠.

구성작가 중에는 아예 방송국 밖에서 여러 프로덕션을 끼고 일하는 분들도 있어요. 진짜 프리랜서처럼 일하는 거죠. 예를 들어서 동시에 프로그램을 세개 할 수도 있어요. 출근도 프로덕션 상황에 맞춰서 해줄 수도 있고 안 해줄 수도 있고. 그런데 방송국 밖으로 나가면 수입은 훨씬 높아지지만 좋은 프로그램을 할 수는 없거든요. 그러니까 사실 돈과 명예, 둘 중에 하나를 택하는 거예요. 공중파 3사 안에서만 제작할 수 있는 수준 높은 프로그램들이 있거든요. 거기에서 저는 제가 지금까지 가꿔왔던 우리 사회에 대한 문제의식들을 펼쳐내고 있다고 생각해요. 아니면 일찌감치 밖으로 나가서 정말 프리랜서처럼 일할 수도 있었겠죠. 기업 홍보물이나 프로그램을 동시에 몇개씩 제작하면서 한달에 거의 천만원 이상씩 버는 분들도 많아요.

실력은 천차만별
임금은 연차별

급여는 주급으로 협상하는데 통장에 입금되는 건 월별로 들어와요. 제가 잇뽕했을 때는 서브작가가 주당 평균 40만원이었어요. 근데 이것도 웃긴 게, 작가가 진짜 프리랜서라면 부르는 게 값이어야 맞잖아요? 자기 몸값 자기가 알아서 찾는 거죠. 아니면 실력에 따라서 차등을 두거나. 왜냐면 작가들 실력이 다 천차만별이기 때문이에요. 그런데 여기는 교양국 내에서 작가들 급여를 연차별로 끊어서 관리해요. 예를 들어서 교양국 전체에 5년차 구성작가가 10명이 있을 경우

10명의 급여를 모두 비슷하게 맞춰버리는 거죠. 제가 □□□ 프로그램에 있을 때 그랬거든요. 팀장과 구두로 협상을 끝낸 상태였어요. 그런데 총무팀에서 '아, 얘는 같은 연차보다 돈을 많이 받기 때문에 그만큼 줄 수 없다'고 하는 거예요. 말 그대로 프리랜서라면 자기 급여가 협상에 따라 결정되어야 하는데 실제로는 연공급과 유사한 형태로 사내에서 관리가 되고 있는 거예요. 하한선은 정해져 있고 상한선은 자기 역량이 아니라 방송사에서 관리하는 연공에 따라서 달라지다보니까 비공식적으로 챙겨주지 않는 이상 비슷한 연차에서는 개인별 편차가 크지 않아요.

보통 작가들은 1년 단위로 움직이는데 한 프로그램을 2~3년 정도 하면 진짜 오래 있는 거예요. 작가들 본인의 경력 때문에도 그렇고 본인 연차에 맞는 좀더 호흡이 긴 프로그램으로 옮겨다니거든요. 급여 계약할 때 이전 팀에서 얼마 받았는지가 되게 중요해요. 예를 들어서 '네가 이전 팀에서 주당 50만원을 받았으면 프로그램을 옮겼으니까 55만원을 주겠다'라고 하면 저는 '60만원을 주시오' 이런 식으로 협상을 하는 거죠. 통상 프로그램을 옮겨갈 때 주당 5만원씩 올려받는 관행이 있는데 2010년에는 또 그걸 금지하고 팀을 옮겨도 같은 급여로 맞춰버렸어요. '연초에 연봉협상을 하지 않냐. 그때 5퍼센트가 올라가니까 옮길 때 조정하는 걸 막아라.'라고 해서.

작가들의 권익을 위한 보호장치, 구성작가협의회

노조는 아니지만 구성작가협의회가 3사별로 다 있어요. 구성작가라고 해서 강제로 협의회에 다 들어가야 하는 건 아니고 자기 의사에 따라서 들어가고 싶은 사람들은 들어가고 회비도 내요. 그런데 이게 조직화되기 시작한 지가 오래되지도 않았고 아주 열악한 조건에 있다가 이제 막 수정해나가고 있는 단계라서 운영이 쉽진 않아요. 또 개개인들이 프리랜서니까 사실은 본인들 입장에서는 들어와야 할 이유도 없는 거예요.

협의회가 하는 일 중에 가장 중요한 건 연초에 하는 연봉협상이에요. 대단한 건 아니고 보통 매년 5퍼센트 정도 인상이 되는데 2010년에는 방송사들 손실이 커서 3사가 동시에 급여가 묶였거든요. 그런 경우에 이거를 어떻게 할 건지, 예를 들어 올해는 5퍼센트를 인상할 거냐, 말 거냐 이런 정도를 다루고 있어요. 연봉협상을 개개인이 할 경우에는 사실 아무런 보호장치가 없거든요. 예를 들어서 내가 한 프로그램을 오래 하고 싶어서 거기에 2년 동안 있는데 2년 동안 월급이 한 푼도 안 오르는 경우가 있는 거죠. 그대로 내버려두거나 팀장이 별로 올려주고 싶지 않다고 하면 그냥 2년 동안 묶여 있는 거예요. 그래서 연봉협상을 해서 일괄적으로 그런 부분을 조금씩 조정하는 거죠.

다른 방송사들과 함께 구성다큐 세미나 같은 것들을 진행하기도 해요. 그리고 팀장이 임의로 작가들을 해고하는 경우처럼 작가 처우에 관한 일이 생기면 공동으로 대응하기도 하고 그러죠. 사실 프리랜서니까 못하면 잘리는 것에 대해서는 할 말이 없긴 해요. 그런데 그게 아니라 부당한 이유로 해고하려고 할 때는 협의회 차원에서 정식으로 문제 제기를 하기도 해요. 방송사에서 일하는 구성작가들의 권익을 위해서 자체적으로 만들어낸 하나의 조직이라고 할 수 있죠.

내가 만든 방송이 나갈 때
느끼는 희열 때문에

안정적인 삶을 살고 싶어하는 사람들은 일하면서 되게 힘들어해요. 일 끝나고 다른 걸 배운다거나 남들처럼 외국어를 공부한다거나 하는 삶을 그리워하는 사람들도 적지는 않아요. 그런 사람들은 중간에 그만두고 기업이나 정부 부처 같은 데 홍보팀으로 들어가거나 하죠. 한해에 100명이 방송국 막내작가로 들어온다면 그중에 60명은 남고 40명은 떨어져나가요. 잇뽕하고 서브작가가 된 후에도 얼마 안 가 그만두는 사람도 많아요. 잇뽕 후에는 자기 업무에 대한 책임도 커질 수밖에 없고 그만큼 중압감도 높거든요. 게다가 대학·대학원 다 나온 인력들이 막내 때 월급 80만원 받으면서 방송이라는 꿈 하나만 좇아가기에는 이 일이 경제적으로 그리 매력적이지 않잖아요. 사실 대부분의 방송이 이런 사람들을 밑바탕으로 돌아가고 있어요. 그런데도 자기 꿈을 좇기에 일은 너무 힘들고 환경은 너무 열악해요.

반면에 처우도 안 좋고, 건강도 나빠지는데도 많은 구성작가들이 이곳에 남아 있는 이유는 이 일이 재미있어선 거 같아요. 참 거지 같은 방송이지만 단 1~2주에 모든 에너지를 다 쏟아부어서 하나의 결과물을 만들잖아요. 할 수 있는 범위 안에서 공부를 다 해야 하고 관련된 법부터 자료, 수많은 사람과의 취재까지. 그래서 '딱' 쏟아내면 그 순간 다 까먹어요. 되게 멍해요. 잡다한 지식이 되게 많아질 거 같죠? 아니에요. 끝나는 순간 칼같이 잊어버려요. 다음 프로그램을 준비해야 하니까 머리를 비우는 거죠. 그런데도 그걸 만들고 끝나는 순간에 느끼는 희열, 그 희열 때문에 방송작가 일에 재미를 느끼는 거 같아요.

그리고 내가 만든 작품, 프로그램이 방영되고 기사화되거나 하면서 널리 알려질 때, 그럴 때도 무척 기쁘죠. 시사프로그램을 하다보면 하고 싶은 얘기, 해야만 하는 이야기 같은 게 있어요. 그리고 적어도 어떤 포지션에 있어야 될지가 명료해요. '시청자들이 이 문제에 대해서 분노를 느끼면 좋겠다', 프로그램이 말하고자 하는 무엇인가가 있다는 거죠. 그런데 아무리 해야 하는 이야기라고 하더라도 그것을 전달하는 방식과 화법이 적절하지 않으면 안 되거든요. 지금은 시대가 바뀌었잖아요. 반드시 해야 할 이야기지만 사람들이 크게 궁금해하지 않거나 관심 갖지 않는 무거운 의제일수록 보기 쉽게, 이해하기 쉽게 만드는 게 중요해졌어요. 스토리텔링의 기술이 필요한 거죠. 그래서 구성작가의 역할이 중요한 거예요. 무엇보다도 많은 사람들이 제가 제작한 프로그램을 보고 그것이 다루는 문제에 관심을 기울이게 됐을 때가 가장 기뻐요.

●

방송작가는 크게 구성작가, 드라마작가, 번역작가로 구분할 수 있는데 그중에서도 구성작가는 주로 공중파 방송국 및 지역방송국, 케이블채널, 외주 제작사 등에서 드라마와 외화를 제외한 예능·교양·다큐 프로그램 등의 기획·구성·섭외·자료수집·대본 작성을 담당하는 작가를 일컫는다. 공중파 방송 3사가 설립한 각각의 방송아카데미에서 짧게는 6개월 길게는 2년가량의 교육과정을 이수한 후 해당 학원 강사진의 추천을 통해 입문하는 것이 일반적인데, 기존 구성작가의 인맥을 통해 진출하는 경우도 있다. 잇뽕을 해 서브작가가 되기 전까지는 주로 글쓰기 이외의 업무만 수행하게 되고 이직이 잦다. 과거에는 공개채용을 실시해 방송사가 구성작가를 정식으로 채용하는 경우도 있었으나 현재는 그런 경우는 거의 드물고 대부분이 방송사와 도급 또는 위탁 관계를 맺고 있다. 업계에서는 최근 문화·예술 산업의 성장 및 종합편성채널의 등장 등으로 방송매체가 증가함에 따라 구성작가의 고용 규모 또한 증가할 것으로 전망하고 있다.

2001년 8월에는 전국여성노조 방송사지부가 출범하면서 구성작가 조직화 사업이 추진되기도 했다. 당시 지역방송국 구성작가들을 주축으로 근로자성을 인정받기 위한 노력들이 전개되었는데, 그 결과 2002년 3월 중앙노동위원회가 마산MBC 구성작가 및 리포터들의 부당노동행위 구제신청에 대하여 마산MBC의 단체교섭 거부를 부당노동행위로 판정했다. 그러나 같은 해 9월 상급법원에서 노조법상 노동자성이 부정되는 판결이 잇따랐고, 2006년 2월에는 방송사를 상대로 한 구성작가의 퇴직금청구소송에서 근로기준법상 근로자성이 부정되면서 조직화 시도가 현격히 약화되기에 이르렀다. 대신 오늘날에는 공중파 방송 3사 각각에 설립된 구성작가협의회가 주축이 되어 구성작가의 권익보호 역할을 맡고 있는 상황이다.

2009년에는 'PD집필제'가 구성작가 사회에서 큰 이슈가 됐다. PD집필제란 PD가 직접 방송구성안과 원고를 집필하는 것으로 KBS가 2009년 봄 개편 과정에서 도입한 제도다. 당시 KBS가 PD집필제를 강제 실시한 것을 두고 방송 3사 구성작가들은 구성작가에게 들어가는 제작비·원고료를 삭감해 방송사의 누적 적자를 해소하고자 한다며 강력하게 반발했고 그 결과 PD집필제는 제작진의 자율에 맡기는 것으로 마무리됐다. 한편, 2012년 7월에는 MBC시사교양국이 MBC노조 파업 종료 직후 분위기를 쇄신한다며 「PD수첩」 구성작가 6명을 사전 통보 없이 일방적으로 해고하고 10월에 대체 작가를 투입하면서 논란을 빚었다. 이후 방송 4사 구성작가협의회와 한국방송작가협회를 중심으로 900여명의 시사교양 구성작가가 「PD수첩」 집필 보이콧 운동을 전개했고 2012년 12월 말 사측과 재발 방지 약속 및 구성작가 2명의 원직 복귀에 합의하면서 일단락됐다.

'물류의 모세혈관'이란
자부심을 지키기 위하여

퀵써비스 기사
**양용민씨
이야기**

인터뷰를 위해 양용민씨를 만난 날, 우연찮게도 후배 퀵써비스 기사의 집을 함께 방문해 저녁을 먹게 되었다. 커다란 냄비에 돼지등뼈찜이 푸짐하게 준비된 자리였다. 질문지나 녹음기가 끼어들었다면 결코 들을 수 없었을 숨은 이야기들을, 혹은 매우 모호하게 이해될 수밖에 없었을 구체적인 삶의 결을 조금은 더 생생하게 포착할 수 있었던 것 같다. 후배 부부와 함께한 자리에서, 양용민씨는 후배의 고단함과 예민함을 말없이 이해해주고, 이를 지혜롭게 견뎌내는 방법을 이야기해줄 수 있는 존경받는 선배였다. 오랜만에 소주를 한잔한 후배의 아내는 반갑고 또 고마워서 기어이 눈물을 보였다. 그는 든든하고 위로가 되는 살붙이 같은 선배였다.

단편적인 인상으로 누군가를 이해한다고 말하는 것은 교만일 테다. 그러나 평소에는 굵고 탁하고 낮은 목소리로 느릿느릿 말하는 그가 '책임'에 관한 이야기에서는 억양이 거세어지고 말이 빨라지는 이유를 조금은 알 것 같았다. 그는 물류의 한축을 담당하고 있음에도 법적·제도적 보호의 사각지대에 있는 퀵써비스 기사들에 대한 국가의 책임을, 또 회비를 받는 조직으로서 노동조합이 조합원에게 져야 할 보호의 책임을 몇 번이고 강조했다. 이는 삶의 고난을 "자기 몸뚱이로 부딪치며" 버텨내면서도 놓지 않은 관계들의 무게에서 비롯되는 것일 터이다. 위원장으로서 노조 '식구'들을 위해 "십원짜리 한장까지 최대한 받아내"고 싶은 마음에서 비롯된 것일 테다.

바람이나 쐬자 하고
시작한 퀵써비스 일

아침 8시에서 8시 반 사이에 복장, 타이어 공기압과 오토바이 체인, 무전기와 PDA 배터리를 점검하고, 스탠바이 등록을 한 다음에 9시 전후로 일을 시작해요. 지역 퀵써비스 기사들은 사무실로 출근해서 배차를 받지만, 우리 같은 광역 퀵써비스 기사들은 무전기나 PDA로 직접 들어오는 오더(주문) 중에서 집 근처에서 뜨는 걸 찍어가지고 바로 시작하는 거죠. 제가 1997년에 이 일을 시작했는데, 처음 3년은 지역 퀵써비스를 했고 그다음 3년은 퀵 사무실을 잠깐 운영했어요. 광역 퀵 기사는 햇수로 7년째네요.

아무래도 경기도 외곽까지 도는 광역 퀵을 하려면 먼저 지역 퀵을 하면서 지리나 거래처를 익혀야 돼요. 눈썰미 있는 사람들은 한 6개월에서 1년쯤 하면 됩니다. 그런데 퀵에는 연공서열 개념이 없어요. 경력 오래됐다고 사무실에서 챙겨주고 그런 거 없고, 완전히 자기 하기 나름이죠. 어쨌든 하루 일은 보통 저녁 7시쯤에 끝나는데, 그렇게 하면 일반적으로 하루 매출이 15만원 안팎, 한달이면 350~400만원쯤 돼요. 거기서 중개 수수료 23~25퍼센트, 점심값하고 기름값, 오토바이에 들어가는 돈 이것저것 떼고 반쯤을 집으로 가져간다고 보면 됩니다. 좁은 지역에서 정해진 거래처 왔다 갔다 하는 지역 퀵 기사들은 그만큼도 못 벌죠. 하루 매출이 대충 2만원가량 차이가 날 거예요.

젊었을 때부터 오토바이 타는 걸 좋아하긴 했지만 이걸로 직업을 할 생각은 전혀 없었습니다. 예전에 서울 청파동에서 조그만 봉제공장을 했거든요. 지금도 저희 작은누님이 남대문시장에서 숙녀복 가게를 하는데, 옷 만들어서 그런 데에 갖다주는 일을 했던 거죠. 아무튼 벌써 10년도 훨씬 전인데 1997년 12월 외환위기 때 완전히 정리했습니다. 어떻게든 버텨보려고 중국·홍콩·일본 등으로 나가는 보따리상에게도 소량으로 팔고 그랬는데 안 됐죠. 그래도 직원들 봉급 도둑질은 안 했어요. 직원이 12명이었는데, 기계고 뭐고 다 팔아서 정리하고…… 그런 다음에 심적으로 힘든 상황에서, 잠깐 오토바이 타고 바람이나 쐬면서 돈 벌자 했던 게 지금까지 오게 된 겁니다.

매일매일이 월요일
순간순간이 타이밍

어제 첫 오더가 여의도에서 역삼동으로 가는 거였어요. 그거를 여의도에서 필동 가는 거랑 묶어서 강남으로 가져가서, 다시 역삼동에서 여의도, 서초동에서 충정로, 서초동에서 용산 가는 거를 받아서 한강을 넘었죠. 그렇게 와서 마포에서 용산, 종로에서 의정부 가는 거를 픽업해서 가져다주고, 의정부에서 인천 가는 거랑 의정부에서 필동 가는 걸 처리한 다음에 하루 일을 끝냈어요. 지역 퀵 기사들은 오더 하나 끝내면 사무실로 복귀해서 다음 자기 순번 돌아올 때까지 책도 보고 장기나 바둑을 두면서 담소도 나누고 하는데, 광역 기사들은 도로 자체가 근무지고 사무실이니까 대기 시간에도 혼자라 할 게 별로

"저한테 '사장님' 소리 하면 그러지 말라고 해요. 일단 물건을 맡으면 제가 그 업체 임시 직원이라고 생각해요. 직원인 나를 믿고 맡겼다, 그런 마음으로 일해야 책임감도 생기쥬."

퀵써비스 기사들은 PDA에 뜨는 주문을 잡을 때도 '퀵써비스'여야 한다. 다른 사람보다 빨라야 한다.

없어요.

어떤 기사들은 눈이나 비가 오면 피시방 가서 게임도 하고 그런다는데, 저는 그런 데도 취미가 없어서…… 경기도 외곽으로 가면 다시 서울 오는 오더가 뜰 때까지 몇시간을 공원 같은 데서 대기하기도 해요. 예전에 PDA 없이 무전기만 갖고 다닐 때는 그런 시간에 책도 보고 그랬는데, 지금은 언제 오더가 뜰지 모르니까 PDA만 쳐다보고 있죠. 무전기 오더는 소리로 확인하는 건데 PDA 오더는 눈으로 확인해야 하고 순식간에 지나가니까. 그렇게 PDA를 보고 있다보면 한시간 정도는 금방 가요.

퀵써비스라는 게 하루 벌어 하루 먹는 거라서, 일의 리듬이란 게 거의 다람쥐 쳇바퀴라고 봐야 해요. 보통 샐러리맨들은 일주일에 며칠 힘들게 일하면 하루는 좀 여유있게 보내고 그런 게 되는데, 우리는 월요일부터 금요일까지 매일매일이 월요일이야. 별 특수하지도 않은데 특수고용노동자라고 해놔서 하루라도 품을 안 팔면 그만큼 수입이 줄어드는 거니까요. 주말이라고 해도 제대로 쉬지도 못해요. 우리나라가 OECD 가입국이 돼서 주 5일제를 한다는데 우리한테는 정말 안 맞는 거예요.

집에서 쉬는 토요일이나 일요일에도 무전기나 PDA를 켜놔요. 딴 일 하다가도 신경이 거기로 자꾸 가는 거죠. 괜찮은 오더가 나와서 찍으면 곧바로 옷 갈아입고 출발해요. 광역 퀵 기사들은 상당수가 그래요. 지난 일요일에는 김포공항에서 사람 태우고 오는 10만원짜리 오더를 찍었어요. 모르긴 몰라도 한 50명은 거기 달려들었을 거예요. 그걸 제가 기가 막히게 잡은 거죠. 예전에 퀵 사무실을 운영하면서 무전으로 배차를 해준 경험도 있고 해서 제가 무전 타이밍 잡는 감각이 좋거든요.

서로가 서로에게
공공의 적이 되는 구조

이 일을 잘하려면 노하우나 눈썰미도 많이 필요해요. '빼빼로데이'(11월 11일) 같은 날은 우리 일도 많아져요. 작년 빼빼로데이 때는 '아다리'(일감 예측)가 잘 맞았는데, 이벤트 한다고 애인한테 선물을 전해달라면서, "아저씨 이거 꼭 교실에서 사람들 다 볼 때 전해주세요" 하는, 단가가 평균보다 높은 오더를 여러개 잡았죠. 그렇게 하루하루 상황에 대비해서 오늘은 어디를 중심으로 어떻게 일하자 그런 전략을 미리 짜야 해요. 대입 수시전형 있는 날은 터미널에서 시험에 늦은 학생들을 태우자 그런 식으로. 그래서 저는 PDA로 주요 뉴스랑 날씨 소식을 매일 두번씩 받아 봐요. 주식 하는 사람들이 뉴스에 민감한 것처럼 우리도 그런 게 중요해요.

날씨에 따라서도 일하는 게 달라져요. 이를테면 비나 눈이 오는 날은 외곽으로 멀리 가는 거를 안 하고 단타 위주로 여러개를 해요. 단타 중에서도 운전이 복잡한 길 말고, 직선으로만 왔다 갔다 할 수 있는 거를 중심으로 하는 거죠. 눈이나 비가 오는 날은 일하러 나오는 기사들이 평소보다 적어서 일을 하는 기사들에게는 상대적으로 벌이가 좋기도 하고요. 그런 때는 '오너 마인드'를 가진 기사들이 조건이 안 좋다고 집에서 쉬니까요. 또 여름이나 겨울이 일하기에는 악조건인데, 마찬가지로 일을 나오는 기사들에게는 봄이나 가을보다 수입이 조금 낫죠.

제가 지금 퀵써비스 노동조합 위원장을 하고 있는데, 그거 안 하고 일에만 집중하면 하루 매출 20만원은 자신있어요. 그런데 그렇게 하면 제가 '공공의 적'이 돼요. 무슨 소리인지 아시겠습니까? 남의 일을 뺏는 겁니다. 지금 퀵은 서로가 서로를 뜯어먹는 구조라는 겁니다. 기사들은 삥 뜯을 생각만 하는, 쉽게 말하면 마름만도 못한 자본(퀵써비스 회사)이 만들어낸 경쟁에서 제도적으로 보호를 받을 수 있는 방법이 없는 거죠. 규칙에 구속받지 않고 조금은 자유롭게 일을 할 수 있다는 건 장점이지만, 반대로 우리가 부당한 일을 당하거나 사고가 나도 그걸 보호하거나 대변해줄 수 있는 방법이 없다는 거죠. 참 '야누스'적이죠.

제도적 보호의 사각지대에서 형성되는 '직업의식'

퀵써비스 기사 벌이가 대단한 것은 아니지만 그동안 식구들을 부양할 수 있는 기초가 어느정도 됐으니까 여태까지 버틴 거죠. 안 된다면 저도 진작 그만뒀겠죠. 그리고 1년차, 2년차 지나면서는 나름대로 퀵써비스가 우리나라 물류의 한축이다 그런 자부심을 갖고 있었어요. 우리가 수출입품 컨테이너를 직접 운송하는 것은 아니지만 BL[*]은 주로 퀵써비스가 나르잖아요. 퀵써비스는 '물류의 모세혈관'이다, 모세혈관이 막히면 중풍에 걸린다, 그런 생각을 가지고 있었어요. 그런데 워낙에 이 직업이 법적으로나 사회적으로 인정을 받지 못하다보니까, 저를 포함해서 다들 직업의식이랄까, 그런 게 점점 희박해지는 것 같아요.

정말로 퀵써비스 노동자들의 시계는 거꾸로 가고 있어요. 요즘 제가 느끼는 직업 만족도를 점수로 매기면 '빵점'입니다. 집에 돌아갈 때마다 그만둘 생각을 해요. 10년 전에 비해서 물가는 잔뜩 올랐는데, 정부가 제대로 규제를 안 해 업체들이 난립하면서 써비스 단가가 안 올랐고, 기사들의 수입도 거의 늘지 않았어요. 애들이 자라면서 돈이 들어갈 데는 갈수록 많아지는데 말이에요. 아침마다 고등학생 큰아들놈한테는 얼마 줘야 하고, 중학생 작은아들놈에게는 얼마 줘야 하는지 생각하느라 골치가 아프죠.

요즘에는 일 끝내고 한잔하는 술도 기분 좋게 마시질 못해요. 예전에는 그날 일 끝나면 많이 번 기사가 삼겹살에 소주 한잔 쏘기도 하고 그랬는데, 요즘은 다 더치페이예요. 서로 여유가 없다는 것을 아니까. 그리고 이 사람들이 술자리에서는 같이 웃고 떠들어도 필드에 나가면

---

[*] 선하증권(Bill of Landing). 해상운송에서 운송화물의 청구권을 나타내는 유가증권으로 운송화물의 수취 또는 선적을 증명하기도 한다.

서로 적이야. 내가 이 오더를 찍으면 다른 사람이 그동안 쉴 수밖에 없는 구조니까. 정해진 오더 양을 두고 서로 따내려고 경쟁하는 사이니까요. 그래서 단가가 높은 거를 잡으면 기쁘기도 하지만 어떨 때는 죄의식도 들어요. 예전에는 경쟁의식이랄까, 편협한 생각 때문에 동료가 하루 매출액을 못 채웠는데도 나만 채우면 얄밉게 빨리 들어가자고 독촉한 적도 있었는데 노조를 하면서 마인드가 바뀐 거죠.

내 몸뚱이를 팔아서
가족을 지켜왔다는 자부심

퀵써비스 기사들은 법적으로 누가 보호해주질 않잖아요. 노동자라면 노동법을 적용해줘야 하고, 자영업자라면 사업자등록증을 발급받게 해줘야 하는데, 헷갈리게 특수고용노동자니 뭐니 해서 둘 다 안 해주잖아요. 이건 1990년대 초반 우리나라에 퀵써비스가 처음 도입됐을 때부터 단추를 잘못 꿴 게 커요. 특히, 그때 자격제도 같은 걸 정비를 잘해놨으면 지금처럼 무등록 신생업체가 난립하는 일은 없었을 거예요. 신생업체들의 한 70퍼센트는 기사로 뛰어본 사람들이 차리는 건데, 아는 놈이 더 무섭죠. 법의 사각지대에 있는 기사들의 처지를 잘 아니까 그걸 악용해요. 일단 마구잡이로 기사들을 모집한 다음에 덤핑 단가나 쿠폰 비용으로 쥐어짜다가 마음에 안 들면 그냥 잘라버리는 거죠.

퀵써비스 기사들은 뭐든 자기가 책임져야 해요. 사고가 나도 업체들은 빠지고 기사가 알아서 해결해야 하고, 다치면 그때부터 그냥 실업자가 되는 거고요. 보험도 종합보험이 아니라 책임보험밖에 못 들어요. 그 보험료가 일반 차량 종합보험보다 비싸요. 또 솔직히 하루에 열번 이상 신호를 위반하지 않는 기사가 거의 없습니다. 걸리면 벌금이 다 자기한테 돌아오지만 하루 벌이를 맞추려면 어쩔 수가 없는 거죠. 이렇게 벌이도 시원찮고 제도도 부실하니 한달에 두번 이상 업체를 옮겨다니는 기사들이 허다하죠. 하루 동안에 오전엔 A업체에서 일하다가 때려치우고, 오후엔 B업체로 옮겨서 일하고 그런 경우도 있어요.

여름에 은행에서 에어컨 바람 쐬면서 잠깐 쉬다가 이상하게 바라보는 눈초리를 느꼈다든지, 퀵써비스 기사라는 이유만으로 강남 한복판에서 반말을 찍찍 갈겨대는 불쾌한 불심검문을 당한다든지 하는 자존심 상하는 경험들도 많았지만, 그래도 남한테 해코지 안 하고 정직하게 내 몸뚱이로 품을 팔아서 가정을 꾸려왔기 때문에 후회는 없어요. 또 수술에 필요한 혈액이나 중요한 약을 날라서 누군가의 생명에 도움이 됐거나, BL이나 대입원서를 마감 직전에 아슬아슬하게 접수해줬던 건 드물기는 했지만 참 보람있는 경험들이었습니다.

우리는 노동자, 특수하지 않은

우리는 노동자예요. 물건을 픽업하러 가면 콜한 데서 기사를 '사장님'이라고 부르는 경우도 있는데, 사무실에 앉아서 직원들 지시·감독

하는 게 사장이지 무슨 사장이 박스 나르고 그럽니까. 저한테 사장님 소리를 하면 그렇게 부르지 말라고 해요. 전 일단 물건을 픽업하게 되면, 그걸 전달하는 걸 완료할 때까진 제가 그 업체의 '임시 직원'이라고 생각해요. 직원인 나를 믿고서 그 물건을 맡겼다, 그런 마음으로 일을 해야 책임감도 생기죠. 제가 퀵을 하면서 가장 많이 바뀐 것 중에 하나가 예전에는 낮게 봤던 직업들도 이젠 수평선상에서 본다는 거예요. 직업에는 귀천이 없다는 거, 저기에 있는 분들이 제자리에 있으니까 세상이 빛난다는 걸 알게 된 거죠.

그런데 우리 퀵은 지금 특수고용노동자잖아요. 아니, 입법부에 있는 분들은 노동자란 말 안 쓰고, 뭐라더라, 특수형태근로종사자라고 하더라고요. 저는 우리 앞에 왜 '특수'라는 말이 붙어야 하는지 답답합니다. 아침에 출근하고 저녁에 퇴근하고, 개인사업자등록증도 없는데 왜 우리가 이런 대우를 받아야 하는지 모르겠습니다. 산재보험 적용되는 것도 왜 그렇게 힘든지…… 또 노동법이 적용 안 되니까, 직원을 마음대로 자르고 삥 뜯는 악덕 업주들이 제재가 안 돼요. 공정위에 제소하고 그런 걸로는 아무것도 안 돼요. 그래서 우리가 결국 노조를 만든 거죠. 퀵 기사들의 이해를 대변하기 위한 노조를 만들어서 악덕 사업장에 교섭을 요구하고 압박하고, 그런 노력들을 하고 있습니다.

제가 지금 노동조합 위원장인데, 우리 조합원이 교통사고가 나거나 어려운 일이 생기면 무슨 일이 있어도 가봐요. 제가 회사를 상대하고 보험사에서 보험금 받아내는 건 하도 많이 해봐서 이제 거의 브로

커 수준이거든요. 노동조합 조끼 입고 가서, 10원짜리 한장까지 최대한 받아낼 수 있는 데까지 받아내요. 법이 보호해주지 않는 마당에 노동조합이라도 그런 걸 해줘야죠. 어떻게 보면 내 식구들이고, 한달에 돈 1만원 조합비 내는 사람들인데, 그런 것도 커버 못해주면 노동조합이 필요없어요. 그런 노조는 죽은 노조죠.

퀵 노동자들이 만들 지주회사, 많이 이용해주세요!

우리 노동조합은 3년 전에 몇몇 친분 있는 사람들끼리 친목 모임 비슷하게 시작했어요. 저는 참여하면서 조합원은 해도 절대 감투는 안 쓰겠다고 다짐했었는데, 어쩌다보니 지금 위원장을 하고 있습니다. 노조 하면서 어려운 일도 당하고 조합원들에게 뒤통수를 맞는 경우도 있었죠. 또 아무래도 수입도 줄고. 그것 때문에 아내하고도 많이 싸웠고요. 다행히 애들은 아빠가 뭔 일을 하는지 정확히는 몰라도 많이 이해해주고 용돈 달라고 투정도 안 부리네요. 그렇지만 어쨌든 저는 노조 일 하면서 정말 많이 배웠고 덕분에 제 소갈머리도 커졌어요. 그렇지만 이 조직을 어떻게 끌고 가야 하는지 요즘 정말 고민이 많습니다.

그러다가 나온 생각이 조합원 지주회사예요. 우리 조합원들이 주축이 돼서 사납금도 딴 데보다 적게 하고 보험이나 안전장치를 충분히 보장해주는, 기사들이 책임감과 의무감을 갖고 일할 수 있는 '모범

업체'를 만들어보자는 거죠. 믿을 수 있고 노동자들을 착취하지 않는 퀵써비스 회사, 만들어지면 많이 이용해주십쇼. 그리고 퀵써비스 이용할 때, 기사들한테만 단물 빨아먹는 거니까 할인 쿠폰 같은 거는 받지 마시고요. 그게 다 기사 부담이에요. 그럼, 잘 부탁드립니다.

●

일본을 벤치마킹한 이른바 '퀵써비스'가 처음 도입된 것은 1984년이었지만, 우리나라에서 문전(門前, door-to-door) 택배 써비스가 본격적으로 시작된 것은 1980년대 후반이었다. 택배업은 1991년 '소화물일관수송에 관한 자동차 운수사업법' 시행령이 개정·공포되면서 법적 근거를 갖게 되었다. 이중 이륜차를 운송수단으로 하는 이륜차 택배업, 즉 퀵써비스는 그 신속성과 편리성으로 인기를 얻으며 급속히 성장했다. 긴급하게 배달해야 하는 서류나 상품, 화물 등을 도심의 교통체증을 피해 운송할 수 있는 장점을 가졌기 때문이다.

한편, 1997년 8월 이뤄진 화물자동차운수사업의 규제 완화는 화물자동차운송사업자라면 누구나 운송수단에 관계없이 소화물을 수송할 수 있도록 허가했다. 또한 대상 범위를 기존의 소화물에서 일반 화물까지 확대했다. 즉 택배업에 운송업이 아닌 써비스업의 성격을 강하게 부여한 것이다. 이로 인해 재래시장, 전문상가 등을 중심으로 특히 창업이 쉬운 이륜차 택배업에 영세업체들이 난립하게 되었고, 덤핑 영업과 운전자

책임제인 지입제 경영체계가 일반화되었다. 현재 이륜차를 이용한 택배 써비스 업체를 운영하기 위해서는 세무당국에 사업자등록만 하면 된다. 현재 이륜차 택배업에 종사하는 사람들, 즉 퀵써비스 기사에 대한 정확한 통계는 없다. 업계나 연구자들은 이들의 규모를 10만명에서 17만명으로 추산하고 있다. 퀵써비스 기사는 크게 업체에 소속돼 알선료를 내는 사업체 소속 기사와 조합 형태 등을 통해 직접 영업하는 사업체 비소속 기사(개인 기사)로 구분된다. 전자는 광역 퀵써비스 기사와 지역 퀵써비스 기사로 세분된다. 한편, 2010년 홍희덕 국회의원실의 조사에 따르면 퀵써비스 기사가 한달간 일해서 버는 평균소득은 100만원 안팎이었다.

화물트레일러 기사 ● 윤정구씨 이야기

차별에 저항하라!
와꾸를 깨뜨려라!

화물트레일러
기사

윤정구씨
이야기

윤정구씨가 불쑥 낡은 손도끼 하나를 방에서 꺼내왔다. "이게 내가 그때 허리에 차고 다니던 거야." 화물연대가 처음으로 9시 뉴스를 장악했던, 동북아 허브를 지향한다던 한국의 물류가 스스로의 정체성을 자각한 한 줌의 화물노동자들에 의해 멈춰버렸던 2003년, 당시 파업에 주도적으로 참여했던 그의 서슬 퍼런 결기를 상징하는 물건이었다. 시간이 흐르고 그때의 날카로움을 잃은 손도끼는 이제 그의 집 방 한구석에 모셔져 있다. 40대 중반이 된 윤정구씨는 확실히 예전에 비해 몸이 무거워지고 행동반경이 줄어들어 있었다. 하지만 그의 목소리는 여전히 우렁차고 걸걸했다. 그 목소리로 간간이 욕설을 섞어가며 풀어놓는 삶의 서사가 간직한 긴장감 또한 생생했다.

윤정구씨는 '장돌뱅이'로 어린 나이에 사회생활을 시작했다고 했다. 소를 끌고 전국의 장이란 장을 죄다 돌아다녔던 그는 2000년대 초 구제역 파동으로 소 파는 일을 접은 뒤, 우여곡절을 거쳐 화물차 기사로 삶을 다시 시작해 전국을 돌아다녔다. 그렇게 그는 삶의 대부분을 한곳에 오래 머물지 못하고 맴돌다 떠나며 살아왔다. "스스로 선택한 것은 어쩔 수 없더라도 후회하지 않는다"라고 이야기할 때 느껴지는 단호함은 그런 삶의 방식이 남긴 흔적 같았다. 화물차 기사 일을 통해 우연히 노동운동을 접했지만, 희망이 컸던 만큼 좌절의 깊이도 컸다. 그 좌절 위에서 그는 지금 다시 일어서고 있다. 다시 스스로 선택을 하고, 뒤돌아보지 않기 위해.

자살 시도 후
친구가 쥐여준 화물차 열쇠

아버지가 일찍 돌아가시고 공부도 취미가 없고 해서, 고등학교 2학년 때부터 장사를 시작했거든. 장돌뱅이로 시작해서 이것저것, 떡 장사, 생선 장사, 방앗간…… 내가 손재주가 좋아서 장사를 정말 잘했거든. 이거 하기 바로 직전에 했던 게 소장수야. 우시장 돌아다니면서 한우나 육우 같은 거 사다가 공급처에 넣어주는 일을 한 10년 했지. 그땐 정말 돈이, 돈이 아니더라고. 소값으로 목돈을 쥐고 다니니까 하룻저녁에 일이천만원이 주머니 속에서 그냥 왔다 갔다 해. 그러다 2000년대 초에 구제역 한방에 시원하게 정리됐어. 있는 소 다 팔아도 시료 값이 안 나오더라고.

정말 난감하지. 살고 싶지가 않았지. 내가 애가 셋인데, 당시 큰놈이 막 중학교 들어갈 때였고, 그뒤로 초등학생이랑 갓난쟁이가 있었어. 그때 내가 일을 저질렀지. "농약 효과가 얼마나 좋은지 확인 한번 해보자" 하고 시원하게 들이켰는데, 안 죽더라고. 괜히 고생만 되게 했지. 그 꼬라지를 보고 친구 놈이 안타까우니까 3.5톤 트럭을 끌고 와서 휙 던져놓고 "이거 할부다. 니가 못 갚으면 나도 죽는다." 하더라고. 친구까지 죽일 순 없잖아. 그래서 그거 끌고 화물 기사 일을 시작한 거야.

내가 소장수하면서 전국의 장이란 장은 전부 돌아다녀봐서 지리를 잘 알아. 동네 선배한테 짐 싣고 끈 묶는 걸 좀 배워서 일을 하니까 트럭 할부는 갚겠더라고. 근데 우라지게 일을 해도 남는 게 한달에 100만원에서 150만원 왔다 갔다 해. 애 키우고 월세 내는데 생활이 안 되는 거지. 불능이야, 불능. 한 1년쯤 됐을 때 화물차 사고파는 후배한테 "야, 일이 뭐 이따위냐, 어떻게 먹고살라는 거냐?" 했더니 "형 큰 차해봐, 큰 차는 좀 나아" 그러더라고.

내가 예전에 방앗간 할 때 심심해서 동네 선후배들 면허시험장 가는 거 따라다니다가 면허란 면허는 다 따놨었거든. 근데 승용차 몰다가 그 큰 차 처음 타면 난감하지. 난 세상에 차에 기어가 그렇게 많은 줄 그때 처음 알았어. 어쨌든 후배가 운전을 해보라고 해서 운동장을 세바퀴쯤 빙 돌았다. 그랬더니 느닷없이 김해를 가래, 마그네틱 자석으로 쩔그럭거리면서 철근을 실어주고는 차 그냥 가져가고 인도금 넣으라는 거야. 그렇게 25톤 차를 육천 얼마에 중고로 사서 대형 화물일을 시작했어.

도로 위에서의 삶, 휴게소 쪽문 뒤의 별천지

트레일러 기사 일을 하면서 좋은 점은 아침에 뜨는 해를 직접 볼 수 있다는 거, 새벽에 아지랑이 피어오르는 안개 섬이 만들어지는 걸 볼 수 있다는 거, 그런 거밖에 없어. 그렇잖아. 남들은 사진으로밖에 볼 수 없는 것들을 직접 본다는 게 정서적으로 좋을 뿐이지. 나머지는 졸릴 때도 자기 뺨 때려가면서 운전해야 하고, 어떨 때는 한겨울에도 창문 열어놓고 커피를 퍼마시면서 미친 듯이 소리 질러가면서 일을 해야 하고…… 뭐, 요즘 같은 시대에 먹고살 수 있는 직업이 있다는 거 빼면 만족스러운 게 별로 없어.

고속도로 휴게소가 아닌 다음에야 대형 화물차는 세울 데가 없어. 식당 앞에 주차하면 자리 차지하면서 오천원짜리 밥 먹고 간다고 무지하게 욕먹지, 도로에다 세우면 자칫하다 딱지 떼이고. 그래서 그런지, 예전엔 휴게소가 기사들에게 별천지였어. 안 되는 게 없고 없는 게 없었어. 휴게소 부근에는 홀아비가 필요한 건 뭐든, 심지어 여자나 마약까지 있었으니까. 지금은 화물연대 들어서고 단속도 있고 해서 불법적인 건 많이 없어졌어. 경부선 따라 있는 휴게소들엔 대부분 쪽문 뒤에 식당 전화번호들이 쭉 붙어 있거든? 그 식당들에 가보면 장거리 기사들 쓰라고 샤워장이나 빨래터가 있어. 기사들은 밥 먹을 때만이라도 도로에서 벗어나고 싶어서 휴게소 밥 잘 안 먹어. 나가서 먹고 술 한잔 걸치고 들어와 한잠 자는 거지.

화물 기사 일이 특히 나쁜 점은 거의 집에 못 들어가고 피로가 누적된다는 거야. 나 같은 경우는 집에서 새벽 세시 반이나 여섯시쯤에 출근해서 하루 600~700킬로미터, 12~13시간 정도 운행을 하거든. 이게 내가 화물연대 지부장 일을 하면서 낮도 좀 팔리고 해서 운행조건이 무지하게 좋은 편인 거야. 나는 다니는 구간도 거의 정해져 있지만 절대다수의 장거리 화물 기사들은 매일 어디로 가게 될지를 몰라. 영남권, 호남권 그 정도만 알고 어디서 깡통(컨테이너)을 픽업해야 할지도 모르면서 그냥 하루종일 쪼그리고 앉아서 기다리는 거야. 그러다가 배차가 떨어져서 나가면, 월요일에 가서 토요일에 집에 들어오는 거야.

와꾸 안에서 살고
와꾸 안에서 죽는 기사들

그리고 골 때리는 건데, 이상한 버릇들이 생겨. 바빠서 80킬로, 100킬로로 달리려고 해도 어느새 70킬로로 가고 있어. 기름값이 무서우니까 연비가 제일 좋은 속도가 몸에 배는 거지. 또 트레일러는 감으로 5센티미터 간격에도 집어넣어서 주차를 하거든. 근데 어떨 땐 피곤하면 승용차 주차를 못한다. 아무리 해도 안 될 때가 있어. 그리고 며칠 전에는 짐을 21톤을 실었어. 차까지 합치면 거의 40톤인데, 차를 세워보면 그 두꺼운 브레이크 라이닝이 진짜 새빨갛게 달궈져 있어. 식혀야 하는데 차에 뭐가 있나. 별수 없이 거기에 오줌을 눠서 식히거든. 펄펄 끓지. 근데 이게 습관이 되는 거야. 차에서 자다가 오줌이 마려우면 자동적으로 그리로 가네. 일종의 직업병이지.

화물을 하다보면 동료 기사 하나둘 먼저 보내보지 않은 사람이 별로 없을 거야. 나도 지부장 할 때 몇건을 내 손으로 수습했어. 특히 봄, 가을에 사망 사고가 많아. 피곤하고 졸리니까. H빔 내리다가 맞아 죽는 놈, 철근 내리다가 깔려 죽는 놈, 지게차 팔레트 나르다가 꺼떡꺼떡 넘어가서 깔리는 경우도 있고. 원래 기사들에게는 상하차 의무가 없어. 그런데 시간에 쫓기는 입장에서는 목마른 놈이 우물 판다고, 짐을 안 내릴 수가 없어. 화물차 기사가 안 가면 크레인 기사랑 서로 멀뚱 멀뚱 얼굴만 보고 있어야 한다고. 그렇게 상하차하다가 사고가 나면, 업체에서는 누가 거기 있으랬냐 그런다고.

과로로 죽는 경우도 있어. 도착해서 짐을 하차하려고 하는데 트레일러 줄이 길면 기사들은 어디 나가서 제대로 쉬지 못하고 차 안에서 핸들에 다리 올려놓고 자. 근데 드러운 놈의 와꾸*들이 자는 놈을 안 깨워줘. 그놈이 졸다가 하차 차례를 건너뛰면 자기 차례가 조금 빨리 오니까. 그렇지만 우리는 양심상, 또 화물연대까지 했는데 그거 그냥 지나치면 안 되잖아. 그래서 야 일어나, 하고 가서 흔들어보면 죽어 있어. 핸들에 다리 올려놓고 고대로 죽어 있는 거지. 뺨 때려가면서 20시간 이상 운행하고 잠깐 쉰다고 눈 붙였다가 그대로 죽은 거야.

불법을 종용하는 구조,
열 받는데 '준법' 한번 해보자!

대형 화물을 처음 시작해보니까, 이게 월매출은 천만원이 넘는데 집에 가지고 가는 건 예전 3.5톤 할 때하고 똑같네. 3.5톤은 그런 게 없는데 25톤 차는 지입료라는 게 있어서 알선업체에서 매달 25만원 이상씩 꼬박꼬박 떼어가. 짐을 상하차해준다면서 업체에서 수수료를 떼는 거야. 이것저것 하면 매출의 30~40퍼센트를 알선업체한테 바치는

• '틀'을 뜻하는 일본어에서 온 말로 운전석에서 벗어나지 못하는 화물차 기사를 낮춰 부르는 말.

거지. 이래저래 열 받는데 결정적으로 나라에서 떼어가는 부가가치세를 업체에서 80퍼센트만 내고 나머지는 기사한테 미루는 거야. 너무하지 않느냐고 따졌더니 다 그렇게 한대.

알고 보니까 대신 불법으로 수입을 보전하더라고. 그때는 기사들이 '자료'(부가세 환급 자격)를 업체한테 샀어. 뭐냐면, 처리하지도 않은 수리비 3천만원을 장부로 만들면 300만원이 부가세 환급분으로 나오잖아. 그 '자료'를 기사들이 업체에서 50만원에 사는 거야. 250만원 챙겨먹는 거지. 그런 걸로 기사들은 수입을 유지하고, 사업자들은 그렇게 몇년 해먹다가 세금이 한 1억 밀리면 부도 내고 나는 거야. 시원하게 해먹고 날았다가 지역 바꿔서 다시 시작하는 거지. 그땐 나도 이게 웬 떡이냐, 하고 챙겨먹긴 했지만, 뭐 이런 개 같은 경우가 있냐고 생각했던 게, 어쨌든 기사들 수입은 불확실한 거고 특히 관행을 모르는 놈들은 혼자 굶어 죽는 거잖아. 게다가 범죄자가 되는 위험부담을 지는 건 기산데 제대로 챙겨먹는 건 알선소 놈들이거든.

인천 같은 경우는 어떠냐면, 알선소 대리쯤 달면 마누라가 당연하게 연안부두에서 횟집을 해. 기사들한테, 야 우리 마누라가 어디서 횟집을 하는데 어떡하냐, 이러는 거지. 거기 가서 자주 팔아주는 기사들은 '오더빨'이 좋아져. 같은 알선소에서 일을 배정받아도 매출이 달라지고, 같은 매출이라도 기름값이 훨씬 적게 드는 오더를 가져가는 거지. 찍힌 놈한테는 '컴퍼스 오더'를 보내. 예를 들어서 같은 경기권이라도 저기 남쪽 끄트머리에서 북쪽 끄트머리로 왔다 갔다 하는 거를 보내는 거지. 보통은 그런 데 한번 갔다 오면 가까운 데 보내주거든. '컴퍼스 오더' 몇번 몰아주면 뭐, 나가라는 거지.

어쨌든 그렇게 먹고살고 있는데, 2002년에 고속도로 통행료가 5.4퍼센트인가 오르는 일이 있었어. 그런데 업체에서 주는 돈을 보니까 아무래도 5.4퍼센트는 더 떼는 것 같아. 그래서 계산을 해봤더니, 아니 5종 차량*은 12퍼센트 이상은 되는 거야. 좆같잖아. 열 받아서 TRS** 무전기에 대고 살살 긁었지. 그거 쓰는 사람끼리 고속도로 휴게소에 모여서 열 받아서 떠들다가, 우리 심심한데 '준법운행'이나 하자는 이야기가 나왔어. 재미 반, 항의 표시 반으로 시작했지.

'맨땅에 헤딩하기'였던 노동조합 활동

그걸 우리끼리 하는 말로는 '사다리'라고 부르는데, 대형 화물차들이 고속도로에서 최저 준법속도로 나란히 가다가 계속 차선 변경을 하면서 서로 추월하는 거야. 대형차들은 조금만 핸들을 틀어도 꼬리가 차선 하나 반을 왔다 갔다 하면서 요동치거든. 승용차들이 무서워서 거길 들어오나. 그러면 도로가 단절되지, 꽉 막혀버려. 경찰이 딱지 끊는다고 세우면, 내려서 최대한 시간을 끌어. 그러면 뒤에 차도 딱지 떼이는 사람이 자기 일행이라고, 그거 본다고 세우고 내려서 천천

* 4축 이상의 특수화물차.
** Trunked Radio Service, 주파수 공용 통신.

히 걸어와서 같이 항의하는 거지. 그러다가 고속도로에 아예 차를 세워버린 일이 있었어. 그랬더니 기사 세 사람이 정말로 경찰에 연행됐네. 그런데 그중에 한 사람이 연행되는 통에 짐을 목적지에 하차 못해서 위약금을 크게 물어주게 된 거야.

어떡할 거야. 당장 생활비는 만들어줘야 할 거 아냐. 맨날 휴게소에서 커피 마시면서, 야 오늘 어땠어, 하고 이바구 맞추던 사인데. 그래서 우리끼리 모금통을 만들었는데 감당을 못할 정도로 돈이 많이 들어온 거지. 그런 과정을 거치면서, 누가 먼저 그랬달 것도 없이 화물기사들의 이해를 대변할 수 있는 조직의 필요성을 자각하게 됐고, 지금 화물연대의 시초가 되는 '화물노동자공동연대(준)'라는 이름으로 조직이 만들어진 거야. 그러면서, 야 우리끼리는 안 된다, 이걸 유지하려면 상급단체가 있어야 한다, 민주노총이 좋을까 한국노총이 좋을까 하는데, 몇몇(나중에 알고 보니 학생운동 출신이더구먼)이 민주노총으로 가야 한다는 거야. 그래 가보자, 거기가 뭐 하는 덴데, 하면서 민주노총으로 갔지.

그래서 운송하역노조라는 델 갔더니 처음에 몇번을 삥찌를 놓네. 당시에 민주노총 내에서도 특수고용직군 조직에 대해서 말은 있었지만, 설마 그놈들이 조직되랴 했던 거지. 준비가 없었던 거야. 그때 운송하역노조 사무처장이란 자가, 조직을 더 해오쇼, 하더라고. 진짜 겨울에 한잠도 못 자고 밤새도록 화물연대 전단지를 나눠줬어. 그렇게 조직을 했네. 그러면서 결국 나는 차를 임대 주고 전업으로 노동조합 일을 하게 된 거야. 그땐, 초창기에는 서로 떠밀어서 노조 일을 했거든. 한 열댓명이 모여서 야 니가 인천 해, 대구 해, 홍보해, 그렇게 정해서 했어. 그렇게 나도 홍보부장 했다가 대의원 했다가 어디 지부장하고…… 야, 나 이번 한번만 한다, 다음에 꼭 니들이 해, 그렇게 말은 해도 사람이 있나, 또 했지. 그렇게 오래 노조 일을 했어.

노조 일은 맨땅에 헤딩하기야. 지부장님, 월급을 안 줘요. 왜 못 받았는데? 몰라요. 알았어, 들이대보자. 알선소에서 차 번호판을 떼어갔어요. 왜? 아시잖아요. 알았어, 들이대보자. 일이 이렇다보니까 노조는 깡 좋고 주먹 좀 쓰는 놈들이 했어. 내부 분위기도 군대 이상이었지. 회의하다가, 야 너 이리 와봐, 끌고 나가서 주먹 쓰는 일도 종종 있었고. 그렇게 들이대다보니까 화물을 둘러싼 구조적인 문제가 보이더라고. 또 노동자에 대해서 공부도 할 필요성을 느껴서 내가 자비 들여 대전으로 일주일에 한번씩 내려가서 공부도 했잖아. 어렸을 때 그렇게 했으면 대학도 갔을 거야.

화물연대,
기사들의 이름을 되찾아주다

화물연대가 만들어지기 전에는 기사들끼리 이름이란 게 없었어. 예를 들어서 차량번호가 6329면, 6329번이 나야. 동료의식이 없었지. '사다리' 타는 거 모의하고 그럴 때도 서로 형 동생 하거나, 이름으로 부르질 않았어. 그때는 TRS 아이디 번호 따라서 그냥 '몇번 국장'으로 불렀지. 민증 까고 그런 건 없었다고. 그냥 다 국장으로 불렀어. 열 살 정도는 위아래가 없었고, 좀 높여서 부르면 국장님하고 '님'자 붙여 부르는 정도였지. 그런데 2002년 10월에 화물연대가 생기면서 '동지'라는 말을 쓰기 시작했고, 야 이제 우리도 이름을 좀 정확히 알아야겠다, 하면서 알게 된 거야.

특히 2003년 파업*을 겪으면서 관계가 많이 친밀해졌어. 2003년 초반에 철도하고 우리가 각각 파업을 해서 승리했다가 후반에 깨졌잖아. 우리는 파업해서 지면 그냥 잘리는 정도가 아냐, 그냥 죽는 거야. 아프게 깨지고 서로 보듬어주면서, 아 이런 게 동지구나, 하는 마음이 싹트기 시작했지. 그때 정말 눈물 나는 이야기가 많아. 집에 파업한다고 하면 욕먹고 쫓겨나니까, 야 일 없어서 꿇었어, 하고 생활비를 받아와서 파업장에서 같이 나눠 쓰는 거야. 그렇게 니 돈 내 돈 개념도 없이 어려움을 나누면서 산 거지. 그때 초기 멤버들끼리는 지금까지도 마음으로 지원을 해. 요즘에야 조직이 커지다보니 간신배나 양아치 같은 별의별 새끼들이 다 꼬이지만, 초창기에는 그렇지 않았어.

나는 어려서는 내가 국가를 위해 존재해야 하고 그런 줄 알았는데, 노조를 해보니까 그런 게 아니더라고. 위험한 발상인지 모르겠지만 거의 무정부주의에 가까워졌어. 인간 중심의 원칙, 동일 노동 동일 임

• 2003년 5월 화물연대의 첫 총파업. '물류를 바꿔 세상을 바꾸자'라는 구호 아래 표준운임제, 지입제 철폐, 노동기본권 보장 등 12개 정책을 요구했다. 파업 14일 만에 노정합의를 이뤘다. 같은 해 8월 2차 파업을 했으나 큰 성과 없이 해산되었다.

"차 유리에다 차별에 저항하라,라고 써붙이고 다녀. 자본의 질서에 따른 어리석
은 차별을 나부터 극복해야 한다 이거지."

화물트레일러 기사는 날마다 '와꾸' 안에서 홀로 전국을 누빈다. 매일 새벽, 고
속도로 위에서 안개 섬에 오른다.

금의 가치 실현, 직업의 소중함 같은, 노조 일을 하기 전에는 생각지도 못했던 것들이 삶의 지표가 된 거지. 요즘에는 차 유리에다가, 차별에 저항하라,라고 썬탠지로 붙여갖고 다니거든. 노동자들을 가르는, 자본이 부여한 실서를 거부하란 거지. 예전에 트레일러 기사들은 10톤 차 기사들하고는 밥도 같이 안 먹었거든. 지들 차가 더 크다 이거지. 그런 어리석은 차별을 나부터 극복해야 한다, 이거야.

소박한 자부심을
허용치 않는 사회

노조 일을 하면서 가정이 깨졌어. 애들은 내가 데리고 사는데, 막내는 초등학생이고 애들이 아직 부모 손길을 필요로 하는 나이야. 그런데 화물 일을 하면서는 그렇게 하질 못하잖아. 그래서 어떻게 해야 하나 고민이 많아. 조금이라도 애들한테 더 신경을 쓸 수 있는 여유를 주는 일이 있다면, 수입이 지금 정도만 유지되면 바꿔야 하지 않을까 싶은 생각도 들어. 그렇지만 내가 국가 물류를 담당하고 있다는 자부심이 있어. 화물연대 하면서 배운 것에 대해서도 그렇고. 화물 기사들이 가정을 유지할 수 있고, 평범한 삶을 누릴 수 있는 조건만 되면 그래도 참 괜찮을 텐데 말이야.

화물운송은 컨테이너 운송차량과 저상트랙터, 카고트럭, 밴, 탱크로리, 레커차, 윙바디, 냉장차 등 매우 다양한 차종과 업종에 걸쳐 있다. 이른바 '추레라'라 불리기도 하는 트레일러 차는 정확하게 말하면 뒤쪽에 짐칸 역할을 하는 트레일러와 트레일러를 끌고 다니는 트랙터로 구성되어 있다. 트랙터는 헤드라 불리고 짐칸은 테라라 불리기도 한다. 화물자동차 운전원이 되기 위해서는 각 차종에 알맞은 운전면허와 함께 화물운송종사자자격증을 취득해야 한다. 이 자격증은 2004년 신설되었는데, 1차 필기시험과 2차 8시간의 교육으로 구성되어 있다.

한국의 화물자동차운송은 1990년대 후반 이후 시장자유화와 규제 완화 조치에 따른 '화물차 등록제(신고제)'를 근간으로 하다가 공급과잉 상태를 맞게 되었다. 이로 인해 발생한 영세업체의 난립, 덤핑, 공(空)티오의 남발, 지입 중심의 운영체계 등에 대한 불만이 쌓이면서, 2003년 화물연대가 주도한 이른바 '물류대란'이 발생하기도 했다.

가장 논란이 뜨거운 사안인 차량위탁경영제도 또는 명의이용경영제도라고도 불리는 지입제도는 특정인에게 부여된 사업면허권 일부를 댓가를 주고 차용해 자기 차량으로 사업을 경영하는 제도를 말한다. 즉 사업면허를 갖고 있는 중개회사가 운송 장비를 갖고 있는 차주를 회원으로 모집하여, 수수료(지입료)를 받고 화주와 연결해주는 제도다. 지입제는 한국에 1960년대 도입되었는데 당시 여건상 초기 투자 비용이 크게 들어가는 운송사업의 특성이 이에 영향을 줬다. 화물 지입제도는 1998년 외환위기 이후 확산됐다. 그 과정에서 중개업체가 유가 변동 등 시장 리스크에 따른 손해를 지입차주에게 일방적으로 전가하고, 나아가 경제적 우위를 활용하여 불공정거래를 일삼기도 한다. 이에 따라 정부는 화물자동차운수사업법을 개정하여 2004년 4월부터 완전 등록제에서 '정부 통제하의 등록제'로 변경하고, 이외에도 유가보조금 상향 조정, 다단계 단속, 과적단속제 등을 시행했다. 그러나 이후에도 화물연대와 정부의 갈등은 주기적으로 반복되고 있다.

한편, 화물운송기사에 대한 통계는 편차가 크다. 2011년 지역별고용조사에 따르면 '화물차 및 특수차 운전원'의 규모는 약 43만명에서 240만명이었으며, 월평균 소득은 195만원이었다. 화물연대는 그보다 소득이 더 적다고 주장한다. 이는 어디까지를 비용으로 산정하느냐에 달려 있다.

매일 밤 거리의
기다림과 추위보다
업체들의 강압적인
태도가 더 힘들어요

대리운전 기사

**이상훈씨
이야기**

구정이 얼마 남지 않은 1월의 어느 늦은 오후, 이상훈씨를 처음 만난 곳은 안양 외곽의 어느 지역노동단체의 사무실이었다. 바깥 겨울바람이 스며든 탓인지 대여섯평 남짓한 작은 공간을 충분히 덥히고도 남을 큰 난로가 돌아가고 있는데도 실내는 제법 춥고 쌀쌀했다. 따뜻한 난롯가 자리를 손님에게 양보했으니 추위를 느낄 만한데 이상훈씨는 인터뷰 내내 그런 기색 한번 보이지 않았다. 아마도 매일 밤 거리의 추위 속에 콜이 뜨기를 기다리면서 생긴 내성 때문이 아닐까 싶다. 처음 만난 이상훈씨는 큰 키는 아니지만 다부진 체격에 순한 눈매와 너털웃음을 가지고 있어 편안하고 유쾌한 인상이었다. 그러나 과거에 택시 일을 하면서 겪었던 7년간의 해고투쟁을 얘기할 때면 격앙된 말들을 토해내기도 했다. 그에겐 사회의 부조리를 깨닫고 노동운동에 발을 내딛게 된 귀중한 계기이기 때문이다. 덕분에 이상훈씨는 대리 기사 일을 시작했을 때도 곧바로 노동조합이 필요하다는 생각을 하게 됐고, 이제는 소위 '베테랑' 기사라 편안히 일해도 될 법한데 조금 덜 자고 조금 덜 벌며 노동조합 활동에 매진하고 있다. 쉰을 넘긴 나이라는 것이 믿기지 않을 정도로 젊어 보였던 것은 아마도 거칠게 뱉어내는 말에서 엿보이던 노동운동에 대한 뜨거운 열정 때문이었던 듯하다.

수십여차례의 이직 후
시작하게 된 대리운전

첫 직장은 친구 소개로 들어갔던 서울 마장동의 한 압출공장이었어요. 제 인생 좌우명이 '정도(正道), 강건(剛謇), 비타협(非妥協)'인데, 옳다고 생각하면 대가리 깨지는 한이 있어도 고수하고, 직장 다니면서 불평불만이 생기면 저 혼자라도 나서서 얘기하고 그랬거든요. 내 정열만 믿고 설쳐대다가 13년 동안 그 계통에서만 40번 정도 공장을 옮겨다녔죠. 그래도 어딜 가든지 능력은 인정받아서 일개 공원(工員)으로 가더라도 한달 만에 반장, 주임을 했어요. 그러면 또 한두달 만에 다 뒤집어엎고 나오고 그랬죠.

그러다가 다른 일을 해보고 싶어서 1년 정도 이벤트 바자회 장사를 했는데 이게 보부상마냥 매일 전국을 돌아다니면서 하는 일이다보니 당시에 세살이었던 아기 키우는 게 걱정이더라고요. 좀더 안정적인 직장을 다녀야겠다고 생각해서 찾아갔던 곳이 택시 회사였죠.

1998년 5월 당시 안양·의왕 지역에 택시 회사가 24개 정도 있었어요. 그런데 그중에 제가 있던 A운수를 포함해서 여섯군데가 노조에 속해 있었는데 완전월급제를 목표로 5개월 동안 연대파업을 한 거예요. 그때도 성격이 이렇다보니까 일을 하면서 회사 내에서 주도적으로 발언도 하고 나름대로 영향력도 있었거든요. 그렇게 파업하고 나서 바로 해고되고, 해고투쟁하면서 복직했다가 또 해고되고. 다시 택시 하려고 봤더니 그 지역 택시 회사가 자기네들끼리 네트워크를 갖고 있어서 그런지 아무데서도 안 받아주네. 그래서 대리운전을 시작하게 됐어요.

발이 고생한 만큼
돈을 벌 수 있어요

보통 일 나오기 직전인 저녁 7시나 7시 반 정도에 식사를 하고 9시 넘어서 일을 시작해요. 그리고 새벽 3시쯤부터는 오더(대리운전 주문)가 거의 없기 때문에 운행을 포기하죠. 중간에 야참이나 저녁식사 같은 건 없어요. 저녁 9시부터 일을 시작하는데 내가 출출하다고 느끼는 시간은 콜이 많은 시간대잖아요. 그러니까 못 먹는 거죠. 7시간 정도는 충분히 견딜 수 있어요.

맨 처음에 대리 기사를 했을 때는 저녁 6시 반, 7시에 나왔어요. 근데 매년 30~40분씩 늦어지더라고요. '아유, 보통 8시부터 콜 나오더라' 하면서 8시에 출근하고, 다음에는 '8시에도 안 나와, 8시 반에 나와' 그러다가 9시가 되는 거예요. 작년부터는 9시 뉴스 보다가 9시 반에 나와요. 점점 콜이 늦게 뜨는 추세거든요. 노하우가 쌓인 것도 있지만 그만큼 경제가 안 좋아졌다는 얘기죠. 콜이 늦게 뜨니까 늦게 나올 수밖에 없어요.

그렇게 해서 저는 한달에 100만원 정도 벌지만 다른 기사들은 그거 가지고는 안 될 겁니다. 제가 접하는 기사들 사정을 보면 뉴스에 대리운전 돈 많이 번다고 나오는 건 다 뻥이고 전업을 해서 150만원쯤 벌어요. 대부분이 130만원에서 170만원 사이예요. 그리고 열 명 중 두 명 정도가 220만원 넘게 버는데 그 사람들은 나름대로 노하우도 있고 굉장히 열심히 하는 사람들이에요. 어느 지역을 가면 어느 시간대에 어떤 콜이 나온다는 게 있거든요. 이걸 잘 꿰고 있는 사람들이 한 20퍼센트 정도 되는 거죠. 그래도 무조건 몸으로 때우기만 하면 초보 기사들도 경력 기사만큼 벌어요. 노동시간이 수입과 직결되니까요.

예전에는 두세 콜 타면 하루 10만원, 15만원도 찍었는데 요즘에는 12만원 정도 찍으려면 최하 여섯 콜, 일곱 콜은 타야 해요. 밤늦게 대중교통이 없어서 택시를 타고 돌아오거나 새벽까지 걸어서 내려와야 하는 곳을 소위 '오지'라고 하는데 기사들이 보통 오지는 안 가려고 하거든요. 대리 기사 수도 적고 오지를 다니는 운송수단도 없던 시절에는 그만큼 가격이 셌어요. 그런데 요즘에는 기사는 많아지고 셔틀(대리 기사만을 태우는 비합법적으로 운영되는 일종의 노선버스)이 다녀서 이동하기가 편리해졌어요. 기사들이 쉽게 이동할 수 있다보니 가격도 점점 내려가는 거죠. 그러니까 이제는 정말 발이 고생해야 돈을 벌 수 있게 된 거예요. 어떻게 보면 참 정직한 직업이죠.

일과의 절반은
기다리는 것

일과 중 대부분은 대기하는 시간이에요. 그냥 거리에서 계속 단말기 화면만 보고 있는 거죠. 추울 때는 대리 기사들이 대피하는 장소가

대리운전 기사 일과의 대부분은 거리에서 콜을 기다리는 일이다.

있어요. 24시간 은행요. 은행 365코너는 문이 계속 열려 있거든요. 몇 년 전만 해도 거기 들어가서 담배 피우고 어지럽히고 그러니까 '대리 기사들은 들어오지 마세요'라는 글이 붙어 있었어요. 그런데 이제는 기사들도 스스로 정화해서 '우리들은 여기서 피우지 말자. 밖에 나가서 피우자' 이렇게 됐어요. 대리 기사들이 온다는 걸 뻔히 아니까 이제는 개방하는 데도 많아요. 안양·수원·안산은 큰 건물이면 전부 화장실도 개방되어 있고 그래요. 거기 쑥 들어가서 유리문 안에서 계속 기다리는 거죠. 밤에 한번 보세요. 큰 건물 안에는 대부분 대리 기사들이 두세명 서 있어요. 건물 안에서 이렇게 생긴 거 (단말기를 들어보이며) 보고 있는 이들은 대부분 대리 기사들이에요.

그렇게 기다리고 있다가 단말기에 콜이 뜨면 그중에 자기 위치랑 비교해서 출발·도착지가 마음에 드는 걸 선택해서 가요. 기사들마다 좋아하는 동선이 있어서 보통은 그걸 따라 움직이거든요. 그런데 새벽에는 콜이 없으니까 하루 마지막 콜은 '죽는 콜'*을 선택하는 경우가 많거든요. 막콜 잡고 시 외곽에 나갔다가 셔틀 없으면 그 지역 PC방 같은 데 있다가 첫차 타고 나오는 거죠. 그것도 업무의 연장이다보니까 실제로 일 끝나고 집에 오는 시간은 아침 6시 반이나 7시쯤 돼요.

집에 와서 바로 자지는 못하고 아침 10시 반이나 11시 정도에 자요. 너무 일찍 자버리면 오전에 깨거든요. 들어가자마자 아침 6시부터 자

• 손님이 드문 지역이나 셔틀이 없어 원래 동선으로 돌아오기 어려운 지역의 콜.

면 12시도 안 돼서 깨기 때문에 그다음부터 잠 못 자고 정작 일할 때 피곤하고 손님 차에서 꼬박꼬박 졸고 그러거든요. 10시 반에 잠들어서 4시나 4시 반에 일어나죠. 낮에 잠자는 거니까 여섯시간이면 충분해요.

프로그램 싸이트의 구축과
광역 대리 기사의 등장

옛날에도 대리가 있긴 있었어요. 그때는 대리 기사가 없었고 택시 기사한테 대리를 시켰죠. 자가용을 운전해주고 다시 와서 또 택시 영업하고. 택시비에 '따블'을 받으면서 굉장히 비싸게 대리운전을 했어요. 그런데 유흥업소마다 주차해주는 사람을 고용하면서 그 사람들이 대리운전을 종종 나가게 되고, 기사들을 몇명씩 고용하다보니까 그게 점점 커져서 나중에는 주변에 크고 요란한 유흥주점 몇군데 끼고 거기에 자기 기사 15명에서 20명 정도 두는 대리운전 업체가 생긴 거예요. 지금도 길가에 천막 쳐놓고 오는 손님 받아주고 '대리 필요하세요?' 하는 사람들 있잖아요. 이 사람들을 지역 대리라고 해요. 콜센터 번호로 광고하는 유명한 대리 중개업소들도 다 처음에는 이렇게 시작했어요.

그런데 어떨 때는 5명만 고용해도 충분히 돌아가는데 목요일, 금요일처럼 술 많이 먹는 날은 기사가 20명이 있어도 턱없이 모자란 거예요. 콜이 몰릴 때는 대리 기사가 없어서 어쩔 줄을 모르죠. 그러면 업소들한테 욕먹고. 이런 상황을 잘 알고 있는 어떤 프로그램 개발자가 '이 싸이트에 올려라. 기사가 모자랄 때 이 싸이트에 올리면 대리업체들이 서로 그 싸이트에 접속해서 콜을 전부 공유할 수 있다.'라고 하는 거예요. 이렇게 해서 지금 같은 광역 대리가 만들어지게 된 거죠. 대리업체들이 서로 콜 정보도 공유하고 활동 지역도 전국으로 확장하게 된 거예요. 그게 2004년쯤이에요.

복잡한
대리운전 시장의 생태계

그런데 2006년에 제가 여기 대리 판에 들어와서 보니까 '노동조합이 있어야겠다'라는 생각을 금세 하게 되더라고요. 대리운전 시장이 돈이 될 것 같은 분위기 때문에 이걸 이용하려고 하는 자본들이 굉장히 많거든요. 어떤 자본들이 몰려 있느냐면, 첫째로 프로그램사, 인터넷 싸이트 업체라고 할 수 있는데 PDA나 단말기 같은 걸로 접속을 하면 싸이트에서 콜센터가 올리는 오더를 볼 수 있어요. 두번째로 중개업체, 실제로 대리 기사들이 소속되는 회사인데 안양·군포·의왕 지역에만 거의 150~200개 업체가 있어요.

그다음에 중개업체들이 모여서 자기네 콜을 맡기는 '콜센터', 업체 중에 사무실에 앉아서 손님한테 '여보세요? 어디요? 출발지가 어디죠? 도착지가 어디죠? 예, 얼마입니다.' 하는 곳이죠. 상황실이라고 그러는데 그 상황실에서 전화를 받고 있는 사장이라든가 직원들은 없어요. 대부분 전부 콜을 뛰고 있어요. 업체들이 하루종일 사무실 비용 지불해가면서 그걸 할 만한 여건이 안 되니까 큰 업체에다가 자기네 콜을 대신 맡기고 수수료를 주는 거죠. 실제로 안양에서는 대리운전 콜센터라고 해서 전화를 직접 사무실에서 받는 곳이 불과 6개 업체밖에 없어요. 만약에 200여개 업체가 있으면 그중 30~50개가 콜센터 하나에 모여 있다고 할 수 있는데 이때 콜센터에 상황실을 맡기는 업체를 '지사'(해당 콜센터를 이용하는 중개업체)라고 해요.

콜센터는 지사들의 콜 상황을 보고 한달에 한번씩 배분을 해요. '콜 하나당 15~18퍼센트 준다' 이런 식으로. 자기네들은 2퍼센트에서 5퍼센트만 먹고. 원래 우리는 1만원짜리 콜을 받으면 2천원을 중개업체한테 지불해요. 20퍼센트를 떼는 거죠. 그러면 업체 사장, 그러니까 지사장이 자기한테 온 콜은 자기가 20퍼센트를 먹어야 하는데도 불구하고 (대신 콜을 받아준 수수료 개념으로) 콜센터에 2~5퍼센트를 넘겨주는 거예요. 이런 건 자동으로 환산되게 돼 있어요. 프로그램에 내 가상계좌가 있는데 여기에 보증금 비슷하게 충전금을 미리 넣어놓거든요. 하루에 3만원이든 5만원이든 넣어놓으면 내가 콜을 2만원짜리 잡는 순간 가상적으로 4천원, 20퍼센트가 그냥 딱 빠지고 잡은 콜의 완료를 치는 순간 빠졌던 4천원이 인터넷 싸이트로 적립되는 거죠. 그리고 한달에 한번씩 각 업체마다 모여서 이렇게 싸이트에 모인 금액을 자기네 콜만큼 배분하는 거예요.

다방면으로 뜯어먹히는
대리 기사

그럼 20퍼센트가 끝이냐? 아니에요. 우리가 여러 사람 먹여살리고 있어요. 먼저 통신비. 저희가 손님하고 만나려면 적어도 서너번은 전화를 걸어줘야 해요. 맨 처음에 콜 잡을 때 '어디 계십니까?' 하죠. 그러면 손님들이 대충 지리만 가르쳐주거든요. 꼬치꼬치 물어보면 오지 말라고 해요. 그럼 알려주는 대로 근처까지 가서 다시 전화 걸고, 그렇게 몇번 반복하면서 찾아가는 거죠. 대부분 기사들이 한달에 400~500분짜리 요금제 써요. 거기에 인터넷 프로그램에 접속하려면 데이터 비용도 들잖아요. 그것도 다달이 보통 1만 4천원 정도 하는데 그러면 대리 기사 한 사람 앞에 못해도 8만원은 통신비로 들어가요.

거기에 업체에 등록하려면 보험료도 내야 하지, 또 단말기도 다 자기가 사야 하지, 그리고 오더 올라오는 프로그램을 이용하려면 프로그램사에 1만 5천원씩 내야 하는데 그것도 보통은 두세개씩 깔다보니까 몇만원씩 내야 하지. 콜센터, 중개업체, 프로그램사, 단말기 업체, 통신사, 보험사 등등 대리 기사들이 이렇게 다방면으로 뜯어먹히고 있는 거예요.

그거 말고도 업체에서 기사들한테 물리는 '페널티'라는 게 있어요. 원래 대리 콜은 기사들이 오더들을 보고 그중에서 선택해서 가는 건데 자기가 이미 선택한 콜을 가지 않겠다고 취소하면 충전금에서 500원씩 과금해가는 거예요. 그런데 콜 수가 너무 적은 시간대에는 우리가 콜을 선택해서 잡기가 어렵잖아요. 그러다보니까 '지지기'(프로그램 싸이트에 호출이 올라오면 상세정보를 확인하지 않고 바로 클릭하는 것)를 하게 돼요. 게임할 때처럼 '묻지 마'로 막 지지는 거예요. 그렇게 계속 누르다가 탁 튀어나오는 콜을 잡는 거죠. 그런데 제대로 보지 않고 지지다보니까 갑자기 내가 있는 데가 아니고 멀리 떨어진 곳의 콜을 잡을 수도 있어요. 보통 프로그램상에 오더 잡는 반경을 1.5킬로미터에서 2킬로미터로 설정하는데 직선거리로 1.5킬로미터면 구불구불 갈 수도 있고 해서 사실 엄청난 거리잖아요. 그러다보니 그걸 갈 수 없어서 포기하고 취소를 하는데 그 순간 충전금에서 500원이 날아가는 거죠.

중개업체 말이
곧 법이에요

어떤 업체는 일부러 페널티만 먹으려고 말도 안 되는 '뻥 오더'로 페널티 장사를 하기도 했어요. 존재하지도 않는 오더를 만들어내는 거죠. 가령 '안양 6동에서 상계동 1만 2천원' 그러면 아무도 갈 사람이 없잖아요. 그런데 기사들이 너무 많으니까 '묻지 마' 식으로 지지게 되고, 딱 눌렀다가 아차 싶어서 취소하는 순간 500원을 무는 거예요. 안 할 것 뻔히 알면서 올리는 거예요. 그것 때문에 기사들이 싸우고 항의하고 그러니까 프로그램사가 폐단을 막으려고 최종적으로 오더를 잡은 기사한테 적립되어 있는 페널티를 주게 했어요. 그런데 또 업체들이 자기가 단말기로 4천원 정도 페널티를 먹겠다 싶으면 얼른

빼서 자기가 운행한 것처럼 해서 종료 처리를 해요. 그럼 그 페널티를 자기가 먹는 거예요.

그뿐이 아니에요. 콜센터 상황실 보는 애들이 대부분 딸 같은 애들이에요. 걔네들은 자기들이 분명히 잘못을 한 경우에도 기사가 전화해서 좀 따지려고 하면 '그러면 그 오더를 왜 잡았느냐' 하면서 '내가 잘못 올린 게 아니라 씨스템이 그런 건데 왜 나한테 그러느냐' 하면서 절대 미안하다는 소리를 안 해요. 미안하다는 소리 한번 들어보고 싶어서 끝까지 얘기하다보면 싸움이 되는데, 모든 정보가 업체에 들어가 있는 우리하고는 달리 업체는 자기 정보를 전혀 오픈하지 않으니까 신분 노출이 안 돼서 우리한테 함부로 하거든요. 거기에 자기네한테 따져서 기분 나쁘다고 록(lock)까지 딱 걸어버리면 배차 제한이 돼서 오더를 잡지도 못해요.

이 일을 하다보면 업체들을 내가 상대할 수 없다는 것이 정말 답답해요. 우리는 손님들 때문이 아니라 업체들의 강권적인, 고압적인 행태 때문에 어려워요. 일반 대리 기사들은 개처럼 주면 주는 대로 받아먹어야 하는 거죠. 저는 대리 기사가 당연히 노동자라고 생각해요. 업체들은 키보드만으로 우리를 마음대로 통제하거든요. 근로기준법에 보면 종속적인 관계가 명확하면 합법적인 노동자로 인정받는다고 하잖아요. 우리는 엄연히 프로그램 속에, 업체에 반하는 행동을 해서는 안 되게끔 종속되어 있다고 할 수 있어요.

부당함에 맞서기 위해,
대리 기사 노동조합을 만들다

한번은 그런 적도 있어요. B라는 프로그램사가 콜 수수료를 20퍼센트에서 25퍼센트로 올린다는 거예요. 그러니까 중개업체들이 그쪽으로 죄다 몰렸고 그게 성공했거든요. 그런데 C라는 또다른 프로그램사가 수수료를 30퍼센트로 올렸어요. 그 순간 저희 기사들 사이에는 모든 프로그램사가 수수료를 30퍼센트로 올릴 거란 위기감이 조성되었죠. 대리 판이 그래요. 우리들 의사는 전혀 필요없어요. 우리가 업주한테 '우리는 D프로그램을 쓰고 싶어' 'B프로그램을 쓰고 싶어' 해도 내가 가입된 업체가 안 쓰면 못 쓰는 거예요.

그런 상황에서 저희가 2007년에 비상대책위를 만들어서 두달 동안 E회사와 사장 집 앞에서 시위를 했고 결국 20퍼센트로 다시 내릴 수 있었어요. 처음에는 E프로그램을 완전히 없앨 때까지 싸운다고 했었는데 인터넷 싸이트나 다른 대리 기사들한테 우리가 대단한 사람들처럼 포장되기도 하고 너무 밀어붙이면 역공을 맞을 것 같아서 거기서 접었죠. 그뒤로 정체성 토론도 계속하고 뭉치고 떨어져나가고 다시 뭉치는 과정에서 아래로부터 토대를 구축해 2008년 A라는 조직을 거쳐 2009년 12월 1일 정식으로 노동조합 설립 총회를 개최하게 됐어요. 당시 조합원은 97명 정도였는데 지금은 거의 이름만 걸어놓고 있고 7~8명 정도가 조합비도 내고 투쟁기금도 같이 내면서 유지해오고 있어요. 아직까지는 조직이 특별한 성과를 냈다거나 조직이 확대된 건 아니에요. 몇년은 걸리겠죠.

예전 택시 기사 할 때 투쟁 현장에 있으면서 문득 내가 옳다고 생각했던 게 전부가 아니었다고 느끼고 분노한 적이 있어요. 그때부터 제 스스로 노동자라는 인식을 하게 됐던 것 같아요. 노동운동을 해가면서 자꾸만 세상이 보이고 여태까지 가졌던 의구심이 풀어져나가는 걸 보면 재미가 있어요. 그런 의미에서 보면 운동이라는 게 종교적인 것이 아닐까 싶기도 해요. 종교라는 게 어떻게 살지, 어떻게 살아야 하는지를 탐구하는 것이잖아요. 힘들지만 후회한 적은 전혀 없어요. 저는 앞으로도 이렇게 종교 활동처럼 운동을 하면서 살아가고 싶어요.

●

대리운전업은 음주운전 단속이 강화되고 외환위기로 실업자가 크게 증가했던 1990년대 말, 2000년대 초부터 성장하기 시작했다. 초기에는 유흥업소 주차요원을 중심으로 소규모로 운영되다가 광역 프로그램이 도입된 2003년 말부터 대규모 조직으로 기업화했다. 대리운전에 대한 수요와 공급이 모두 경기에 민감하게 반응하기 때문에 업종 규모에 대한 명확한 통계는 존재하지 않는다. 2008년 기준 국세청에 등록된 대리운전 업체 수는 2,100여개인 것으로 나타났으나 업계에서는 국세청에 신고되지 않은 업체까지 포함하여 7천에서 많게는 1만여개로 보고 있으며, 연간 시장 규모는 3조원, 일일 대리운전 기사 수는 10만에서 12

만여명으로 추산하고 있다. 그러나 최근 파트타임으로 대리운전에 종사하는 사람들도 늘어나고 있기 때문에 이들까지 포함하면 실제 기사의 수는 그보다 훨씬 많을 것으로 예상된다.

현재 대리운전은 관할 세무서에서 사업자등록증만 교부받으면 자유롭게 영업이 가능하며 사업자등록을 하지 않은 경우에도 법적 규제 수단이 없다. 게다가 자격 규제가 없어 보험 가입시 문제될 만한 교통사고 전력이 없는 운전면허 소지자라면 누구나 손쉽게 일을 시작할 수 있다. 이 때문에 사고시 보상이 안 되거나 이용자가 범죄에 노출되는 사례들이 꾸준히 지적돼왔고, 반대로 대리운전 기사가 범죄로부터 보호받지 못하는 사례도 있다. 2010년 6월, 한 대리운전 기사가 음주상태의 손님에게 폭행을 당하고 차에 치여 사망한 사건은 사회적으로 크게 이슈화된 바 있다.

2004년 대리운전 기사의 자격 및 보험 가입 의무 등을 규율하는 내용의 대리운전업 법안이 처음 발의된 이후 국회 회기종료에 따른 폐기와 재발의가 수차례 반복돼왔고, 가장 최근에는 2012년 9월에 발의된 법안이 해당 소관위의 심사를 거치고 있는 중이다. 그러나 노동계는 그간의 법안 대부분이 주로 중개업체의 이익을 보장하는 내용만 담고 있다고 비판하면서 대리 기사의 처우와 입장까지 반영된 법안 마련을 요구해오고 있다.

한편, 대리운전 기사의 조직화는 비교적 활발하게 이뤄져왔다. 대구 지역에서는 일찍이 노동조합 설립증을 교부받은 법내노조*가 출범했으며 서경인(서울·경기·인천), 청주, 대전, 부산, 울산 지역에서도 각각 노동조합이 추진·설립돼왔다. 이후 지역별로 흩어져 있던 대리 기사 노조들이 결집하면서 2012년 4월에는 민주노총 서비스연맹 전국대리운전노조가 출범해 활동 범위를 넓히고 있다. 온라인에서도 폭넓은 교류가 이뤄지고 있는데 대리운전 기사 온라인 커뮤니티인 '달빛기사카페' '밤이슬을 맞으며' 두곳에서만 9만여명의 회원이 활동하고 있다.

• 노동조합 및 노동관계조정법의 요건이 갖추어져 있고 노동조합으로 인정할 수 있는 조합.

전체 노동자 중 특수고용노동자

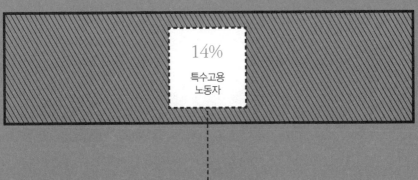

14%
특수고용
노동자

특수고용노동자의 남녀 비율

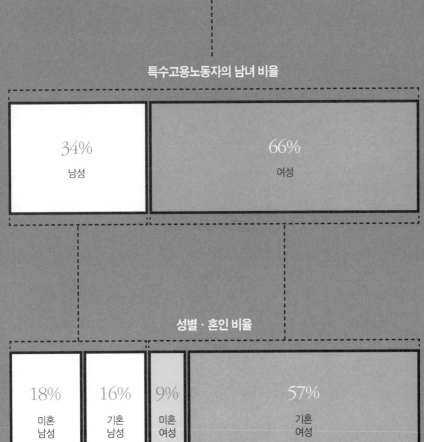

34%
남성

66%
여성

성별 · 혼인 비율

18%
미혼
남성

16%
기혼
남성

9%
미혼
여성

57%
기혼
여성

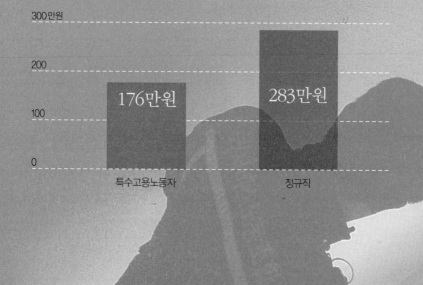

월평균 임금

- 300만원
- 200
- 100
- 0

176만원 — 특수고용노동자

283만원 — 정규직

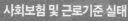

사회보험 및 근로기준 실태

- 100%
- 50
- 0

	국민연금	고용보험	퇴직금	시간외 수당	유급휴가
정규직	97.2%	84.1%	99.2%	72.1%	88.3%
비정규직	33.7%	37.9%	32.4%	19.3%	25.6%
특수고용노동자	4.7%	5.8%	3.1%	0.6%	2.6%

■ 정규직 ■ 비정규직 ■ 특수고용노동자

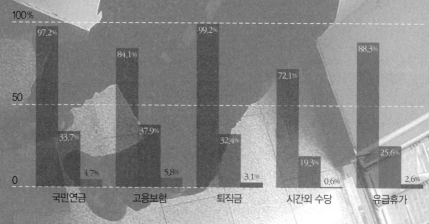

* **자료:** 「특수형태근로종사자 권익보호 방안」, 국민권익위원회 2012년 12월.
김유선 「비정규직 규모와 실태」, 「한국노동사회연구소 이슈페이퍼」 2013년 6월.

제2부

특 별 한   이 야 기

'특수한' 노동자들의
워킹 라이프 ● 김종진

풍경 하나, 잠도 조절해야 한다

한국사회 취업인구 중 대다수는 하루 24시간 중 집과 직장, 이 두곳에서 가장 긴 시간을 보낸다. 하루의 3분의 1이상을 일터에서 보내지만 사회안전망이 취약한 탓에 대다수가 근로조건이 열악해도 감수하고 살아간다. 그렇다면 특수고용노동자라고 불리는 이들의 직장 생활은 어떨까.

화물트레일러 기사 윤정구씨는 남들이 모두 잘 때 집을 나선다. 보통 새벽 3시나 6시에 출근해 저녁 9시나 10시가 돼야 집에 들어갈 수 있다. 요구르트 판매원 성정미씨 역시 늦어도 새벽 5시에는 집을 나선다. 골프장 경기보조원 김경숙씨의 경우 여름철에는 새벽 2시에도 일어나 출근 준비를 한다. 쉽지 않은 일상이지만 집에 기다리는 가족들이 있으니 지금 같은 때에 할 일이 있다는 사실로 위안을 삼는다.

겨울에는 또 일이 없으니까 (수입이) 일정하지는 않아요. 일은 없어도 계속 출근은 해야 하고…… 새벽 4시가 첫 팀이에요. 첫 팀 배치받으면 새벽 2시에 일어나죠. 시간대별로 예약이 되어 있어 출근을 해도 예약이 취소되면 보통 9시 반이나 10시쯤 2부 팀 배치가 시작되는데 그때까지 계속 기다리는 거죠. (골프장 경기보조원 김경숙씨)

하루 24시간 환자를 돌보는 간병인 김수란씨는 고된 노동에 항상 파김치 상태다. 한밤중에도 일어나 환자의 상태를 살피는 습관이 몸에 배어 평소에도 잠을 푹 자지 못한다. 잠이 부족해 눈이 항상 충혈되어 있는 그녀는 다른 사람에게 빨간 눈을 보이지 않기 위해 안약을 넣어가며 생활한다. 잠이 부족하면 푹 자는 것이 상책인데 환자를 혼자 돌봐야 하는 상황이라 그러지도 못한다. 그나마 환자가 식사를 하거나 검사를 받으러 갈 때의 몇분은 안식의 시간이다. 단 5분이라도 쪽잠을 자고 나면 몸도 개운한데 그럴 여유마저 없는 날이 많다. 환자 가족들이 바로 옆에서 지켜보고 있는 날이면 그런 짬조차 거의 불가능하다.

썩션을 수시로 해야 하고, 환자 움직임에 민감하게 반응도 해야 하고 두 시간마다 환자 체위도 바꿔줘야 하니까 잠을 푹 못 자고, 눈이 항상 빨 갛죠. 안약을 항상 가지고 다녀요. 눈이 충혈되니까 부끄럽고 얼마나 피곤 하면 저럴까 하는 소리 들을까봐 괜히 위축된다니까요. 그래서 피곤해 보 이지 않으려고 노력해요. 낮에 3시쯤 환자분 간식 나오기 전에 잠깐 짬 내 서 5분이라도 누웠다 깨면 개운해요. 그런데 푹 자지는 못하죠, 소리만 나 면 깨니까. 낮에 자기도 어렵죠. 이렇게 시끄러운데 어떻게 자요? 들락날 락 들락날락. (간병인 김수란씨)

반면에 늦은 저녁부터 새벽에만 일하는 사람도 있다. 대리운전 기 사 이상훈씨가 그렇다. 거의 30년을 밤낮이 바뀐 채 살아가고 있는 이 상훈씨는 초저녁에 집을 나서 새벽녘이나 되어야 일을 마친다. 새벽 에 시 외곽으로 나갈 경우엔 집에 돌아올 교통편이 마땅치 않기 때문 에 PC방에서 시간을 보내다가 첫차를 타고 오면 보통 6시 이전이다. 너무 일찍 잠들었다 깨면 하루 몸 상태가 엉망이 되기에 잠도 조절한 다. 항상 수면 시간이 부족하고 햇빛을 못 보니 건강이 좋지 않을 법 한데도 그는 아직은 괜찮다고 큰소리다.

집에 와서 바로 자지는 못하고 아침 10시 반이나 11시 정도에 자요. 너 무 일찍 자버리면 오전에 깨거든요. 들어가자마자 아침 6시부터 자면 12시 도 안 돼서 깨기 때문에 그다음부터 잠 못 자고 정작 일할 때 피곤하고 손 님 차에서 꼬박꼬박 졸고 그러거든요. (대리운전 기사 이상훈씨)

김현주씨처럼 방송국 구성작가의 일과는 또 다르다. 구성작가의 일이라는 것이 방영 주제가 정해지면 사전 자료조사부터 취재원 섭외에 대본 집필까지 거의 모든 것을 아우르기 때문이다. 그러니 일주일 내내 방송국에서 새벽까지 일할 수밖에 없고, 정해진 출근시간은 있으나 퇴근시간은 따로 없다. 방송 일은 앞뒤 작업과정과 유기적으로 협업해야 하기에 언제 끝날지도 모른다. 그나마 일주일에 하루 쉬는 날엔 모자란 잠을 보충한다. 친구들과의 약속이나 모임 참석 자체가 힘들다. 일 외의 개인 활동이 불가능한 것이다. 남들처럼 자기계발을 위해 시간을 투자할 여력도 없고 운동을 할 형편도 안 된다. 작가들 사이에서 농담처럼 떠도는 이야기 중 하나가 '작가 생활 시작하면 결혼하기 어렵다'라는 말이다. 물론 방송국에서 보내는 시간이 길다 보니 PD 등 방송계 종사자와 결혼하는 이들도 종종 있긴 하지만 그 생활에 만족할 순 없다.

아침 10시까지 출근하는데 끝나는 시간이 보통 새벽 3~4시. 자기 시간이라는 건 아예 없고 일주일에 한번, 방송이 나가는 날 잠깐 쉴 수 있고, 약속도 할 수 없고 누구도 만날 수도 없고, 남들처럼 운동을 다닌다거나 학원을 다닌다거나 이런 것은 상상할 수도 없었어요. 그리고 남들 쉬는 토·일요일에 아예 못 쉬는 사람들도 많고 공휴일도 못 쉬고 새벽에 끝나고 그러니까 약속 하나를 마음대로 잡을 수가 없어요. (방송구성작가 김현주씨)

학습지 교사 일은 아이들 일정에 따라 가변적이다. 정난숙씨는 아이들 시간에 맞추어 동선을 잡는다. 예를 들어 수요일에는 일찍 하교하는 저학년만 담당하면 동선을 짜기 편하지만, 늦게 끝나는 고학년들을 동시에 가르칠 경우엔 중간에 갈 곳 없이 그저 기다려야 해 퇴근시간은 늦어지기 마련이다.

아이들 시간에 맞춰서 (일정을) 짜야 하고 매일, 매시간 동선별로 다 짜야 해요. 제 지역이 한 블록, 두 블록, 크면 세 블록 정도 돼요. 수요일은 아이들이 일찍 와서 그날 보충수업을 해요. 고학년 같은 경우는 1시에 수업을 해야 하는데, 2~3시에 와요. 그럼 시간이 늦어지는 거죠. 저는 하루에 30명이나 40명가량 보는데, 많이 보는 사람은 50명 정도를 봐요. (학습지 교사 정난숙씨)

한국은 OECD 국가 중에서 두번째로 근무(노동)시간이 긴 나라이다. 2011년 한국 사람들은 2,090시간 일했는데, 이는 OECD 평균인 1,765시간보다 325시간 더 길다. 독일(1,406시간)이나 네덜란드(1,382시간)보다는 80일가량 더 일한다. 한국보다 노동시간이 긴 나라는 멕시코뿐이다.

특수고용노동자들 역시 장시간 일하지만, 더 큰 문제는 그들의 노동이 변칙적이라는 데 있다. 병원에서 먹고 자며 일주일 24시간 내내 환자 곁에 있어야 하는 간병인부터 월요일에 나가 토요일에 집에 들어오는 트레일러 기사나 새벽에 일하러 가야 하는 골프장 경기보조원 등이 대표적이다. 수시로 밤을 새워야 하거나 밤에만 일하는 방송사 구성작가나 대리운전 기사도 그렇다. 특고노동자들이 이렇게 비징상적인 현실을 감내하는 이유는 무엇일까. 이와 같은 비상식적인 노동조건은 갈수록 악화되고만 있다는 점을 감안하면 그 근본적인 원인이 궁금하지 않을 수 없다.

풍경 둘, 이상한 갈등 ── 돈과 시간 사이

어떤 특수고용노동자들은 나름 휴식과 여가를 잘 활용한다. 예를 들어 보험설계사 이정희씨는 고객을 찾아가 상품을 파는 일이기 때문에 본인의 목표량이나 출퇴근 일정에 문제가 없으면 평소 일정을 자신의 스케줄에 맞춰 조정할 수 있다. 물론 회사에서 배정된 목표량을 채우는 것 자체가 힘들고, 고객이 주말이나 밤에 연락을 할 때면 만사를 제쳐놓고 달려가야 하는 처지이지만, 일단은 주어진 시간을 잘 활용하려 한다. 요구르트 배달원 성정미씨도 시간 활용이 자유로운 편이다. 비가 오나 눈이 오나 1년 365일 배달을 해야 하지만 판촉실적에 신경 쓰지 않는다면 오후 시간은 자유롭게 활용할 수 있다. 동네 엄마들과의 모임에도 나가고, 그들과 한달에 한번이나 일년에 한번 여행도 간다. 그럴 때는 고객에게 양해를 구하고 미리 며칠 분량의 제품을 돌리고 가곤 한다.

하지만 어떤 특고노동자들은 일한 만큼(만) 소득이 보전되기에 도리어 더 오랜 시간을 일터에서 보낸다. 예를 들어 학습지 교사 정난숙 씨는 퇴직금도 출산·육아휴가도 없이 아이를 낳고 2년 만에 다시 맞벌이에 나섰다. 외벌이로는 생활이 안 되기 때문이다. 이도 모자라 토요일에도 학생들을 가르치러 나가는 등 초과근무를 자청한다. 동료교사들 중에는 일요일에 나가는 이도 있다.

아무래도 맞벌이를 해야 생활이 가능하니까. 돈을 더 많이 벌려면 주말에도 일해야 한다고 생각하죠. 5일 근무 갖고는 부족하고 점점 토요일에도 나가요. 주위엔 일요일도 나가는 경우도 많았어요. (학습지 교사 정난숙씨)

퀵써비스나 대리운전 기사들의 경우엔 고객들의 콜을 제때 받는 것이 수입을 좌우한다. 이 때문에 밥을 먹거나 화장실을 갈 때도 PDA 단말기에서 눈을 떼지 못한다. 대리운전은 보통 저녁 7시부터 일을 시작하는데, 어떤 기사들은 고객도 없는 대여섯시부터 나오기도 한다. 또는 퀵써비스 기사 양용민씨도 전날의 부족한 수입을 만회하기 위해, 그날의 목표 금액 생각에 늦게까지 일한다. 예상보다 이른 시간에 목표를 채우면 일찍 끝내기도 하지만 그런 날은 일년에 며칠 안 된다. 또 '○○데이' 같은 날이 돌아오면 수입이 많기에 전날부터 마음이 즐겁다. 일하는 시간이 길어져도 즐겁다고 한다. 반면에 비나 눈이 내리는 날 그리고 공휴일은 남들과 달리 수입이 줄어들기에 그리 달갑지 않다. 자신의 여가를 돈으로 환산해서 생활하는 것, 즉 '자기착취'가 바로 특수고용 일자리들을 유지하는 원동력 중 하나다.

우리 일은 노하우 필요없이 노동시간이 길어지면 길어질수록 수입이 늘어나는 구조예요. 보통 7시부터 일을 시작하지만 집에 있을 때인 6시부터 옆에다 PDA를 놔두고 있어요. 그러면 30~40분에 어쩌다 하나씩 나와요. 그러면 조금 멀리 떨어져 있어도 그 시간에는 기사들이 안 나오니까 손님한테 전화 걸어서 "한 20분 정도 걸릴 것 같은데 기다려주실 수 있어요?" 하고 물어보고 괜찮다고 하면 버스 타고 가서 대여섯시부터 일하는 친구가 있어요. 보통 10만원 이상 찍는 기사들은 남들보다 일찍 나오는 거예요. (대리운전 기사 이상훈씨)

물론 특고노동자들이 주말까지 밤낮없이 일하는 이유는 따로 있다. 일반 직장인들과 달리 특고노동자들은 법적 노동자가 아니라는 이유로 4대 보험 적용을 받지 못한다. 그러니 본인이나 가족이 아파서 병원에 가야 할 상황에 대비하지 않을 수 없다. 다치거나 아프면 벌었던 돈이 모두 들어가기 십상이기 때문이다. 아이들 학비 문제 역시 초과근무를 자청하게 하는 큰 이유다. 현재 하고 있는 일을 평생 하기 힘들다는 걸 알기 때문에 노후보장을 위해 조금이라도 더 벌어야 한다는 위기감 역시 장시간 노동을 불러온다. 이렇다보니 일이 없어 집에 있을 때도 '돈 벌러 나가야 하는데' 하며 조바심을 내게 된다. '돈'과 '시간' 사이의 갈등이다.

> 그렇게 처음에는 간병인 일 사이에 시간이 비면 갈등이 생겨요. 시간만 있으면 '다른 걸 찾아봐야 하나?' 하는 생각이 들고요. 간병인이 월급쟁이도 아니고 보험이 되는 것도 아니고. 그리고 일이 바로바로 연결이 안 되니까, 조바심이 나는 거예요. '다른 일 하러 나가야 되나?' 하고. (간병인 김수란씨)

게오르그 지멜(Georg Simmel)은 『돈의 철학』(*Philosophie der Geldes*)에서 아무것도 없는 이들은 살아남기 위해 일생 동안 '돈의 획득'을 가장 소중한 목표로 삼는다고 말한다. 마치 특수고용노동자들을 두고 한 말 같다. 특고노동자들은 그 누구보다도 돈을 소유하는 것이 자신의 삶과 행복을 지켜줄 것이라고 굳게 믿는다.

풍경 셋, 고마운 '은행 365 코너'

간병인이나 대리운전 기사들이 일하면서 가장 힘들어하는 것은 휴식 공간과 밥 문제다. 병원에는 간병인들이 잠시 잠을 청하거나 쉴 공간이 없다. 탈의실도 별도로 마련되어 있지 않기 때문에 화장실에서 옷을 갈아입어야 한다. 몇날 며칠을 병원에 있어야 하지만 옷가지나 짐가방 놓을 공간도 없는 형편이니 탈의실은 꿈도 꾸기 어렵다. 식비를 아끼려고 며칠치의 밥을 얼려서 갖고 오지만, 병동 내 환자용 전자레인지조차 사용하지 못하게 하는 곳도 있다. 가끔 간병인들에게 직원가로 식권을 할인해주는 곳이 있으면 감사할 뿐이다.

> 자리(환자 옆의 간이침대)도 너무 좁아요. 공간이라도 좀 돼서 앉아서 쉴 때 쉬고 잘 때 자고 해야 하는데 그런 게 아니잖아요. 환자 보호자분이 오셔서 "아주머니 좀 쉬고 오세요" "어디 가서 좀 주무시고 오세요" 이래도 갈 데가 없어요. 옷 갈아입을 공간도 없어서 만날 화장실에서 갈아입어야 해요. 휴게 공간이 필요하죠. 잠시라도 다리 펴고 누울 수 있는 공간이 있어야 하잖아요. (또) 제일 어려운 게 밥 문제예요. 언 밥을 전자레인지에 해동해서 먹는 거예요. 모여서 같이 먹으면 안 되기 때문에, 저희는 혼자서 조금씩 먹고 그래요. 사람들이 안 보이는 데서 먹으려고 서서 먹기도 해요. 의자가 없어요. 다른 사람 보기에도 처량하잖아요. "왜 서서 드세요?" "드실 데가 없으세요?" 전부 그렇게 물어요. (간병인 김수란씨)

길거리가 일터인 대리운전 기사나 퀵써비스 기사들의 경우 잠시라도 쉴 곳이 더욱 간절하다. 그런 그들을 구제해주는 곳이 은행 ATM(현금 자동 입출금기)이 설치된 365코너다. 날씨가 좋으면 편의점을 이용하기도 하지만 겨울철엔 다음 콜을 기다리는 동안 대기하기에 그만한 곳이 없다. 예전엔 대리운전 기사 출입을 금하는 건물들도 있었지만 지금은 개방해주는 곳이 늘어나 다행이란다.

추울 때는 대리 기사들이 대피하는 장소가 있어요. 24시간 은행이요. 은행 365코너는 문이 계속 열려 있거든요. 몇년 전만 해도 거기 들어가서 담배 피우고 어지럽히고 그러니까 '대리 기사들은 들어오지 마세요'라는 글이 붙어 있었어요. 그런데 이제는 기사들도 스스로 정화해서 '우리들은 여기서 피우지 말자. 밖에 나가서 피우자.' 이렇게 됐어요. 대리 기사들이 온다는 걸 뻔히 아니까 이제는 개방하는 데도 많아요. 밤에 한번 보세요. 큰 건물 안에는 대부분 대리 기사들이 두세명 서 있어요. 건물 안에서 이렇게 생긴 거 (단말기를 들어보이며) 보고 있는 이들은 대부분 대리 기사들이에요. (대리운전 기사 이상훈씨)

식사 문제는 대리운전 기사, 트레일러 기사, 학습지 교사, 보험설계사 등 거의 모든 특수고용노동자들의 애로사항 중 하나다. 대리운전 기사들은 새벽에 요기를 할 수 있는 식당이 없다. 택시 기사들은 기사식당, 트레일러 기사들은 고속도로 휴게소에서 끼니를 해결하지만 대리 기사들은 심야에 일을 하기 때문에 부담없이 끼니를 해결하기가 쉽지 않다. 가끔 삼겹살을 먹기도 하지만 비싸서 자주 찾지는 못한다. 학습지 교사들은 거의 대부분 수업 시간과 식사 시간이 겹치기 때문에 식사를 포기하거나 이동하면서 먹는 빵 한조각 정도가 전부다.

저녁식사 시간이면 애들이 집에 몰려와서 제일 바쁘게 움직여야 될 시간이라, 제시간에 저녁밥은 엄두를 못 내요. 우리는 못 먹고 애들은 밥 먹는 시간이에요. 밥 먹는 시간에 쫓아다니는 거죠. 가서 냄새 맡고 있으면 먹고 싶은데. 그런데도 애들은 텔레비전 보는 시간이라 수업을 안 들어오고 늦장을 부리죠. 애들을 재촉하게 돼요. 거의 저녁을 굶고 다녀서 소화 계통이 안 좋은 분들이 많아요. (학습지 교사 정난숙씨)

풍경 넷, 노동만 있고 사람은 없다——과도한 감정노동

특수고용 일자리의 대부분은 써비스직이다. 헤어디자이너, 보험설계사, 학습지 교사, 골프장 경기보조원 등이 대표적인데, 대부분 여성들이 찾기 쉬운 일자리들이다. 그런데 써비스직에 종사하는 여성 중에서 안경을 착용한 이는 찾아보기 힘들다. 안경 대신 렌즈를 끼거나 시력 교정 수술을 하는 경우가 대부분이다. 개인의 미용 목적이라고만 보기에는 석연치 않은 구석이 있다. 기업들은 일을 계속하려면 렌즈를 착용하거나 수술을 하라는 암묵적인 요구를 한다. 고객(주로 남성)이 싫어한다는 것이다. 김경숙씨가 일했던 골프장에서도 경기보조원들에게 고객이 싫어한다며 안경을 착용하지 못하도록 해서 어쩔 수 없이 렌즈를 끼거나 시력 교정 수술을 해야 했다.

써비스 직종에서 여성이 안경을 착용하는 거는 굉장히 건방지다 이렇게 해서 안경 착용을 못하게 했었어요. 렌즈를 끼고 일하던 동료 중 공에 맞아서 실명 위기까지 갔던 사람이 두명 있어서 안경 착용을 요구한 적도 있었어요. (골프장 경기보조원 김경숙씨)

고객이 싫어할 일을 원천적으로 금지시키는 것에서 보듯 써비스산업은 고객과 노동자의 관계를 중요시한다. 특수고용 일자리는 고객과의 관계가 소득과 직접 연결되는 경우가 많다. 학습지 교사나 보험설계사, 채권추심원, 대리운전·퀵써비스 기사, 헤어디자이너, 경기보조원, 간병인 모두 대면접촉을 통한 고객과의 상호작용 강도가 높은 업무들이다. 예컨대 보험설계사 이정희씨는 고객들의 상품도 가족의 보험을 설계하듯이 상세히 분석하고 설명한다. 이정희씨의 이러한 마음가짐은 직업에 대한 자긍심에서 비롯된 자발적인 행동이기도 하지만, 이렇게 하지 않으면 소득 또한 줄어드는 게 사실이다. 즉, 고객이 "저 사람은 진짜 나에게 도움을 주려고 하는구나"라고 느끼게 할 때 본인의 실적 역시 높아진다는 것을 특고노동자들은 경험적으로 알고 있다. 고객의 기분과 상태에 따른 적절한 말과 행동이 본인의 소득을 좌우하는 것이다.

정말 진심으로 내 딸 것을 설계하는 것처럼 분석해서 설명을 했다는 것이 전달됐으면 좋겠다는 마음을 가지고 얘기하고 노력해요. 진심은 통하잖아요. 설명도 중요하지만 저 사람 마음에 "그래 저 사람 진짜 나를 위해서 이렇게 할 수 있는 사람이구나" 하고 가닿도록 노력을 많이 해요. (보험설계사 이정희씨)

헤어디자이너, 학습지 교사, 간병인 일은 단순히 고객과의 일대일 상호작용이 아니라 다차원적인 상호작용을 수반한다. 학습지 교사는 아이들을 가르치는 것만큼이나 부모와의 대화나 상담이 일과의 큰 비중을 차지한다. 학습지를 선택하는 주체가 부모이기 때문이다. 이런 이유로 학부모와의 관계가 본연의 업무 이상으로 중요하다. 표준 관리 시간은 한집에 한 아이를 기준으로 10분 정도였다. 그런데 최근에는 부모와 관계 맺는 시간이 갈수록 더 늘어나고 있다. 또 써비스 제공 과정에서 예전보다 훨씬 심한 감정적인 상처를 받고 있다. 과거 학습지 교사들은 선생님으로서 존중을 받았지만 이젠 문전박대를 당하지 않으면 다행이다.

예전에는 엄마들이 선생님들을 어느정도는 '교사'라고 생각했거든요. 그런데 지금은 내 돈을 받아가는 사람이라고만 생각하는 거예요. 내가 돈을 냈으니까 내 말대로 해야 하고 내 식대로만 해야 한다고 생각하는 것 같아요. 처음 이 일을 시작할 때는 교육도 있었고 아이도 있었어요. 그런

데 지금은 아이도 없어지고 교육도 없어졌어요. 단지 돈만 남았어요. (학습
지 교사 정난숙씨)

이런 현실을 가장 잘 표현한 말로 '감정노동'을 꼽을 수 있다. 감정
노동이란 자신의 기분과 상관없이 고객(타인)의 감정에 맞추기 위해,
일상적이고 지속적으로 실제 자신의 감정을 억누르고 통제하는 것을
일컫는다. 특히나 특고노동자들은 일반 노동자들에 비해 써비스 제공
과정에서 폭언·폭행과 같은 불미스러운 일을 겪을 확률이 높다. 대리
운전 기사 이상훈씨의 경우에는 취한 손님들을 집으로 모셔다드리는
게 일이다보니 시비가 붙는 일이 잦다.

아예 만나기 전부터 시비를 거는 손님이 있어요. 왜 이렇게 안 오느냐
는 거죠. 가장 흔한 경우는 모셔다드리는 길에서 생깁니다. 저희가 이 일
을 하면서 길에 대해서는 정말 잘 알게 되잖아요? 그래서 저희가 알고 있
는 빠른 길로 가려고 하면, 자신이 늘 다니던 길과 다르니까 곧바로 "왜 이
렇게 돌아가?" 하고 언성을 높이는 분이 있어요. 그러면 "돌아가면 저만
손해인데, 제가 왜 돌아가겠습니까?" 하고 말씀을 드립니다. 근데 이때 막
무가내인 분이 있어요. "그러니까 왜 돌아가냐고!" 하고 시비를 거는데요,
그때 잘 넘겨야 하루가 편합니다. (대리운전 기사 이상훈씨)

이럴 때 대부분의 특고노동자들은 어쩔 수 없는 상황이라 여기며

체념하고 속으로 화를 삼키고 만다. 기업에 소속된 노동자들의 감정노동이 조직에서 강제된 것이라면 특고노동자들은 자신의 감정노동을 스스로 강제해야 하는 상황이다. 자기착취를 강요받는 셈이다. 이런 이유로 특고노동자들의 우울증이나 심리적 스트레스는 심각한 수준이다.

'삶과 노동'의 변화를 위해서

한국의 임금노동자 중 특수고용노동자는 100명 중 14명꼴이다. '특수고용'이라는 말에서 무엇이 떠오르는가? 특수한 일에 고용된 사람, 특수한 일을 하는 사람이라고 생각하기 십상이지만, 특수고용노동은 산업구조나 과학기술의 발전에 따라 생성·변화된 노동의 형태라고 봐야 한다. 물론 일의 성격은 제각각이다. 트레일러 기사나 간병인처럼 새벽부터 출근해서 몇날 며칠 동안 일해야만 하는 이들도 있고 골프장 경기보조원, 방송구성작가처럼 밤낮을 가리지 않고 일을 해야 하는 이들도 있다. 대리운전 기사나 채권추심원처럼 심한 폭언과 욕설을 감내하며 이중 삼중의 노동을 수행하는 이들도 있다. 학습지 교사나 헤어디자이너, 간병인처럼 고객뿐 아니라 부모나 보호자와 같은 '제3의 고객'과의 관계가 노동 수행 과정에서 더 큰 비중을 차지하는 직업도 있다.

그럼에도 이들이 수행하는 노동은 기존의 노동과 크게 다르지 않다. 단지 변화된 환경에 따라 써비스를 제공하는 방식이 달라졌을 뿐이다. 여기서 반드시 주목해야 할 것은 특수고용노동자들의 노동이 '사장님'이라는 호칭에 걸맞지 않게 그들의 삶을 침식하고 있다는 점이다. 일하는 시간이 곧 소득이기에 그들의 삶에서 '시간'은 허울뿐이다. 특고노동자들은 여지없이 '시간'보다는 '돈'을 선택할 수밖에 없다. 물론 극소수이긴 하지만 시간을 자유롭게 활용하는 이들도 있다. 스스로를 노동자라고 인식하기보다는 개인사업자로 생각하는 이들도 있지만 그런 몇몇을 제외하고는 대부분이 생계를 책임져야 하는 가장이나 가구주이다. 앞에서 살펴본 특고노동자들의 노동 현실은 이들이 자유로운 개인사업자가 아닌 변칙적인 노동조건에 시달리는 '노동자'라는 것을 보여준다. 특고노동자들은 고용주들이 제도적 사각지대를 이용해 부당하게 노동의 댓가를 착취하고 불합리한 근로조건을 강제하고 있다고 지적한다. 이들은 국가가 노동자의 기본적인 권리인 4대 보험과 노동 3권 등을 보장해주어야 한다고 입을 모으고 있다.

울타리 밖의
노동자들 ● 홍석범

　우리 사회에서 온전하게 노동자로 인정받기 위한 여정은 상당히 험난하다. 사용자가 업무 수행 과정을 지휘·감독해야 하고, 업무 내용이나 근무장소·시간 역시 사용자가 정해야 한다. 게다가 노동자가 비품이나 작업 도구를 소유해서도 안 된다. 손익의 위험을 스스로 안고 있는 경우 역시 '정상적인 노동자'로 인정받지 못한다. 그뿐만 아니다. 정해진 기본급이나 고정급이 있고, 사용자가 정한 취업규칙의 적용을 받으며, 다른 사회보장제도 법령에서도 노동자 지위를 인정받아야 하니, 실로 노동자로 인정받기란 하늘의 별 따기요, 그림의 떡이다. 이렇듯 이 사회의 법률체계는 일일이 읊기에 숨이 찰 만큼 복잡하고 엄격한 잣대로 '노동자 자격증'을 발급하고 있다.

　사회가 정해놓은 자격증을 갖지 못했다 해서 그들이 노동자가 아니라고 할 수는 없을 것이다. 누구보다 훌륭한 기술을 가진 사람이 단지 증명서가 없다고 해서 기술자가 아니라고 할 수는 없으니 말이다. 그러나 현실의 장벽은 정상 노동자와 비정상 노동자, 특수하지 않은 노동자와 특수한 노동자를 갈라놓고 '노동자' 자격에 미달하는 많은 이들을 법적·제도적 보호의 바깥으로 걷어차버린다. 이러한 사회적 배제 속에서 일하는 사람이라면 당연히 누려야 할 권리와 보호들은 오히려 투쟁으로 얻어내지 않으면 결코 누릴 수 없는 것이 되어버렸다.

'더러우면 나가라!' 노동시장을 배회하는 잠재적 실업자

양용민씨는 1년 사시사철이 스토브리그*인 퀵써비스 기사다. 한달에 두번, 석달에 다섯번 업체를 바꾼다. 기사가 업주가 마음에 안 들어서 옮기는 경우도 있지만 업주가 기사를 못살게 굴고 자르는 경우가 태반이다. 고객과 실랑이라도 있는 날이면 업체는 거래처가 끊길까 전전긍긍하며 기사만 족치니, 더러워도 참고 일하거나 아니면 큰소리 한번 치고 나오는 방법밖엔 없다.

그는 퀵써비스 일이 '잠재실업'이라며 손사래를 친다. 그만두란 말

• 프로야구의 한 시즌이 끝나고 다음 시즌이 시작하기 전까지 계약 갱신이나 트레이드가 이루어지는 기간으로, 팬들이 겨울철에 난로를 둘러싸고 선수들의 계약 갱신이나 연봉 협상, 트레이드 등에 대해 평판을 한다는 데서 생긴 말이다.

한마디에 취업과 실업의 신호등이 순식간에 바뀌기 때문이다. 업주의 일방적인 해고를 진정(陳情)하려고 노동부에 찾아가도 법적으로 노동자가 아니기 때문에 부당해고가 인정되지 않아 접수조차 하지 못한다. 노동자가 아니기 때문에, 일방적이고 불합리한 해고 통보를 막아줄 만한 방패가 없는 그들에게 실업의 위협은 곳곳에 도사리고 있다.

간병인 김수란씨에게도 안정적인 일자리는 큰 고민거리다. 정해진 기간 동안의 일을 끝내고 집으로 돌아가면 이튿날 바로 일을 나가는 경우가 거의 없다. 며칠 동안 연락을 기다리다보면 마음이 여간 조급해지는 게 아닌데, 그럴 때면 못할 걸 알면서도 괜히 생활정보지의 구인란을 뒤적거리게 된다. 아이들 학비도 대야 하고, 식구들의 생계도 꾸려야 하기 때문이다. 여느 월급쟁이들처럼 회사에 소속되어 안정적으로 월급도 받고, 다치더라도 사회보험으로 치료를 받는, 당연한 권리가 그녀에게는 꿈 같은 이야기다.

> 특수고용노동자라는 라벨이 붙었잖아요. 우리는 4대 보험도 적용이 안되고 다쳐도 산재도 안 되고, 온갖 위험에 너무나 노출되어 있단 말이에요. (간병인 김수란씨)

이렇듯 특고노동자들은 항상 극심한 고용불안에 시달린다. 어떤 사람은 대등한 계약의 당사자로서 노동자도 자신이 원하는 대로 업체를 옮겨다니지 않느냐고 타박하지만, 노동자가 새로운 일자리를 찾는 게 업체가 새로운 사람을 구하는 것만큼 어디 쉬운 일인가. 마음에 안 들면 서로 등을 돌릴 수 있을 것처럼 보이지만 갑을(甲乙)의 관계에서 아쉬운 사람은 노동자다.

새로운 일자리를 찾는 것이 쉽다고 해도 문제는 해결되지 않는다. 방송구성작가 김현주씨를 보자. 그녀는 지금 일하고 있는 방송국이 아니더라도 외주 프로덕션에 들어갈 수 있다. 지금보다 돈도 훨씬 많이 벌 수 있다. 경력도 있고 명성도 충분히 갖췄기 때문이다. 그런데도 방송국에서 경험하는 여러 불만들에 대해 자신의 목소리를 낼 수는 없다. 그녀가 나간다고 해도 방송국은 어마어마한 산업예비군에서 언제든 새로운 사람을 구할 수 있기 때문이다. 같은 일자리에 계속 머무르고자 한다면 불만을 감내할 수밖에 없다.

내일 당장 제가 그만둬도 사실은 대체 가능한 게 여기 씨스템이니까 회사는 아쉬울 게 아무것도 없는 거예요. 프리랜서 작가나 PD들이 많다보니까 방송사 차원에서는 아쉬울 게 하나도 없는 거고. (방송구성작가 김현주씨)

흔히 프리랜서의 특징으로 언급되는 '자유롭고 대등한 계약관계'는 특수한 노동자들을 제도적 보호의 울타리 밖으로 밀어내는 핵심 명목이다. 그뒤에는 특수고용노동자가 취약한 고용조건과 회사의 불합리한 행태를 감인할 수밖에 없도록 만드는 잠재적 실업의 위협이 존재한다.

제도적 배제가 만들어낸 허구의 안전장치, '도의적 책임'

임금과 사회보험 역시 커다란 문젯거리다. 특수한 노동자들은 최저임금의 적용을 받지 못하기 때문에 수수료라는 명목으로 끊임없이 깎이는 임금에 불만을 제기하기 어렵고 올려달라고 말하기는 더더욱 어렵다. 게다가 사회보험에 가입할 수 없어 실업급여나 산재보상은 어림도 없다.

2008년과 2012년의 법 개정을 통해 레미콘 기사, 학습지 교사, 골프장 경기보조원, 보험설계사, 퀵써비스 기사, 택배 기사 등의 6개 직종은 산재보험에 가입할 수 있게 되었다. 하지만 다른 노동자들과 달리 보험료의 절반을 자신이 부담해야 하기 때문에 산재보험 가입은 적지 않은 부담이다. 그뿐만 아니라 근로자가 원하지 않으면 가입을 하지 않아도 된다는 조항이 있어 보험료의 일부를 내야 하는 업주들이 눈치를 줘 가입을 포기하게 하는 경우가 태반이다. 2013년 6월 기준으로 특고노동자의 산재보험 가입률은 10%에 불과하다. 사정이 이렇다보니 노동시장에서 자신을 지켜줄 것은 오직 몸뚱이밖에 없다. 그들은 결코 일자리를 잃어서도 안 되고, 다쳐서도 안 된다.

신용정보회사에서 채권추심을 하고 있는 김영수씨는 회사와 '대등하게' 계약을 맺은 자신보다 '파견'이란 이름의 또다른 비정상적인 노동자들의 처지가 오히려 부럽다. 파견직 채권추심원은 인력송출회사에 소속되어 있는 노동자이기 때문에 적어도 4대 보험에 가입되어 있고 실적에 관계없이 기본급도 받기 때문이다. 하지만 김영수씨와 그의 동료들은 사업소득 원천징수를 당하는 개인사업자다. 오로지 그날그날의 실적과 수수료로만 노동의 댓가를 받아갈 수 있다. 몇차례 허탕이라도 치는 달에는 어찌해볼 도리가 없다.

학습지 교사인 정난숙씨도 그놈의 수수료 때문에 불만이다. 그녀도 수수료가 곧 월급이다. 하지만 학습지 회사도 많아지고 과외나 학원도 늘어난 요즘에는 회원 수가 계속 줄어들고 있어 한달 내내 일해서 겨우 150만원을 가져가는 달도 많다. 아침 9~10시에 출근해 밤 10시가 넘어서 집에 들어오는 것치고는 결코 많은 금액이 아닌데도 회사는 수수료율을 점점 낮추면서 이익을 챙겨가고 있다.

다른 데는 오래 근무하면 점점 월급이 올라가잖아요. 그런데 저희는 회사에서 수수료 갖고 장난질을 해서 월급이 자꾸 내려가요. 40퍼센트였던 게 38퍼센트, 35퍼센트까지 내려갔어요. (학습지 교사 정난숙씨)

그뿐만 아니다. 특수한 노동자들은 업무의 특성상 사고 위험에 노출되는 경우가 많다. 하루에 열두시간 넘게 600~700킬로미터의 장거리를 운행하며 항상 피곤에 시달리는 트레일러 기사, 고작 헬멧 하나에 의존하여 맨몸으로 도로 위를 달려야 하는 퀵써비스 기사, 매일 밤 술 취한 손님들을 상대하며 시비와 폭행을 감당해야 하는 대리 기사들이 그렇다. 일하는 시간이 곧 소득인 이들이 자신의 안전을 지켜가며 일을 할 여유는 거의 없다. 방송사 구성작가들은, 꽉 짜인 방송 일정에 맞추기 위해 임신한 상태에서 밤을 새우며 일하다가 누군가 유산했다는 흉흉한 소식을 듣기도 한다. 하지만 이러한 위험 속에서 일을 하다 사고가 났을 때 책임을 지는 이는 없다. 기껏해야 회사로부터 '도의적 책임'이란 명목의 생색내기용 보상만 받을 뿐이다.

PD 중에도 저희랑 거의 같은 방식으로 고용된 사람들이 있거든요. 예전에 해외에서 촬영 중 사망 사고가 있었어요. 회사는 보상해줄 이유가 아무것도 없었고 딱 '도의적 책임'만큼만 보상했었죠. 사고가 나도 다 자기가 책임을 저야 해요. (방송구성작가 김현주씨)

골프장 경기보조원인 김경숙씨도 30년 넘게 일을 하며 몇번이나 죽을 고비를 넘겼다. 총알같이 날아오는 골프공은 두꺼운 전화번호부도 뚫을 정도로 위력적인데 빠른 경기 진행을 위해 손님에게 채를 전해주려고 앞으로 나갔다가 공에 맞은 것이다. 회사는 '손님이 공을 칠 때 앞으로 나가선 안 된다'라는 안전수칙을 어겼다며 도리어 큰소리를 쳤다. 너무 억울한 마음에 잘릴 각오를 하고 난리를 쳤지만 겨우 치료비만 받아낼 수 있었다. 회사는 손님을 최대한 많이 받기 위해 앞 팀과의 간격을 최소한으로 유지하지 않으면 경기보조원을 징계한다. 그러다보니 위험한 걸 알면서도 어쩔 수 없이 타구 앞으로 나가야 하고 회사는 위험을 묵인한다. 만일 또다시 사고가 나더라도 산재보험에 가입하지 못한 경기보조원들이 보상을 받을 수 있을지는 분명하지 않다.

이렇듯 고용·임금·사회보험 등 그 어디에도 특수한 노동자들을 위한 제도적 안전장치는 마련되어 있지 않다. 회사는 사람들의 생계와 희망과 꿈을 싼값에 사들여 편할 대로 이용할 뿐 모든 책임은 개인의 몫으로 돌린다. 혹여 문제가 발생하더라도 회사는 마뜩잖게 '도의적 책임'만을 지겠다며 은근슬쩍 뒷짐을 지고 빠져나갈 뿐이다. 누가 지어낸 말인지 의미조차 불분명한 '도의적 책임', 그것이 바로 특수한 노동자가 누리는 단 하나의 안전장치라는 웃지 못할 상황이 작금의 현실이다.

직업에 대한 자부심과 그들을 천대하는 현실

제도적 보호로부터 배제된 여건 속에서도 많은 특수한 노동자들은 직업인으로서 나름의 자부심을 갖고 살아가고 있다. 트레일러 기사 윤정구씨를 보자. 그는 매일같이 졸음을 쫓기 위해 소리를 지르고 뺨을 때려가며 밤새 고속도로를 달린다. 당장의 처지는 어렵더라도 직업을 바꾸고 싶지는 않다. 화물 기사가 국가 물류의 근간이라는 자부심이 있기 때문이다. 새벽마다 아지랑이가 피어오르는 안개 섬과 떠오르는 태양을 볼 수 있다며 고된 일상을 오히려 소박한 재미로 승화시키는 낭만가이기도 하다.

그렇지만 내가 국가 물류를 담당하고 있다는 자부심이 있어. 화물 기사들이 가정을 유지할 수 있고, 평범한 삶을 누릴 수 있는 조건만 되면 참 괜찮을 텐데 말이야. (트레일러 기사 윤정구씨)

하지만 사람들의 시선을 견뎌내기란 녹록지 않다. 윤정구씨가 모는 대형 화물차는 고속도로 휴게소가 아니면 세울 데가 없다. 시내 운행을 하다가 끼니라도 때우려면 욕먹기 십상이다. 승용차의 수십배, 버스의 몇배나 되는 자리를 차지하면서 겨우 오천원짜리 밥 한끼 먹고 가는 그들을 반기는 식당이 없기 때문이다. 주차시설이 넉넉지 않아 차를 댈 때도 여간 곤혹스러운 것이 아니다. 한번은 60대 동료 트레일러 기사가 고속도로 휴게소의 버스 주차구역에 잠시 차를 댔다가 젊은 주차요원에게 "기사 새끼들" 운운하며 욕을 먹은 적도 있다. '아시안 하이웨이' '동북아 물류중심지'의 주역, 그 이면에서 트레일러 기사들이 마주하는 현실은 눈에 보이지 않는 사회적 배제로 가득 차 있다.

한편 양용민씨는 퀵써비스 일을 '물류의 모세혈관'이라고 표현한다. 트레일러 기사처럼 대량의 물품을 실어나르지는 않지만 물류의 말단에서 사람과 사람 사이를 오가며 물건을 전달하기 때문이다. 급한 수술 환자에게 혈액을 제시간에 갖다줬을 때, 수험생의 대입지원서를 마감 시간에 맞춰 제출했을 때, 수출계약이 취소될 수도 있는 시급한 상황에 관련 문서들을 무사히 전달했을 때, 이렇게 촌각을 다투는 일이 많다보니 자신의 목숨을 담보로라도 손님들의 주문을 제시간에 처리해야 한다고 생각한다. 그리고 그때의 자부심과 보람은 이루 말할 수 없다.

그러나 그를 대하는 사회의 시선도 트레일러 기사들이 마주치는 그것과 크게 다르지 않다. 처음 퀵써비스 일을 시작했을 때 겪었던 일이다. 콜을 기다리다가 날씨가 너무 더워 은행에 들어가 더위를 식히고 있는데 금세 사람들의 눈빛이 바뀌는 걸 느꼈다. 뭔가 경계하는 눈빛. 은행 안의 풍경과 어울리지 않는 자신의 행색을 알아채고는 '내가 지금 뭐 하고 있지' 하며 서둘러 밖으로 나왔다. 밥을 먹을 때도 마찬가지다. 먹고 싶은 음식이 있어도 자신의 복장으로는 사람들의 시선이 신경 쓰여 근사한 식당에는 들어가지 못한다. 스스로 위축되지 않는 허름한 식당을 찾아 발걸음을 돌리게 된다.

제일 더러운 게 비 오는 날이에요. 건물 처마 밑에 쭈그리고 있다보면 스스로가 불쌍하죠. 이런 복장으론 빗물 뚝뚝 흘리면서 어디 못 들어가 있어요. 사람들이 혐오감 주고 위압감 준다고 경계할 것이고. (퀵써비스 기사 양용민씨)

특수한 노동자를 이등시민으로 만드는 편견들

　모든 특수한 노동자들이 이런 처지는 아닐 터이다. 그러나 많은 특수한 노동자들이 자신을 천대하거나 지위가 낮은 일에 종사하는 사람으로 얕잡아 보는 사람들의 태도와 시선을 느끼는 것 또한 사실이다. 그렇다면 왜 그들은 사회제도뿐만 아니라 사람들의 의식세계에서까지 '이등시민'이 되어야 할까. 하나의 직업 내에서도 고용형태는 매우 다양하기 때문에 어떠한 고용형태가 곧 특정한 직업을 지칭하는 것은 아니다. 하지만 특수고용이란 고용형태는 특정한 직업군과 크게 중첩되는 특성이 있다. 특고노동자에 대한 산재보험 적용이 직종을 기준으로 하는 것도 이 때문이다. 그런 탓에 특수한 노동자에 대한 편견은 이들이 다수를 점하고 있는 직종과 깊은 관련이 있다고 할 수 있다.

　김수란씨는 간병인이라는 직업이 사회적으로 '더러운 일' '가장 낮은 직업'으로 인식되고 있다는 것을 일상적으로 경험한다. 한번은 환자 보호자로부터 '아줌마는 이런 일을 할 사람이 아닌 거 같다'라는 말을 듣고 자존심이 크게 상했던 적이 있다. '이런 일'이라니. 환자의 치부를 마주하며 하루종일 자신들의 가족을 돌보는 간병인을 사람들은 고작 똥오줌이나 치우는 직업으로 인식하고 있다는 것을 느꼈다. 호칭도 그렇다. 많이 바뀌기는 했지만 여전히 병원에서 간병인을 부르는 이름은 '아주머니' '아줌마'다. 예민하지 않은 사람은 그냥 넘어갈 수 있겠지만 환자나 보호자가 툭툭 던지는 '아줌마'란 말에 종종 배신감이 든다.

그녀는 간병인을 천대하는 사회적 시선이 자신들이 노동자로 인정 받지 못하고 열악한 조건에서 일하기 때문이라고 이야기한다. 직업의 귀천이 있어 그에 따라 근로조건이 규정되는 게 아니라 반대로 얼마나 많은 돈을 벌고 얼마나 편하게 일하는지가 직업의 귀천을 결정짓는 기준이 된다는 뜻이다.

더러운 일이라고 생각을 하는 거예요. 최하위 직업이라고 생각하는 거죠. 그렇게 취급하는 게 기분이 나쁘다는 거죠. 밥도 안 주지, 비정규직에 월급제도 아니지, 보험도 안 되지. 그러니까 낮게 취급하겠죠. 왜 이런 일을 하느냐, 똥이나 치우고 오줌이나 치우고. (간병인 김수란씨)

보험설계사인 이정희씨를 괴롭히는 것은 '쉬운 보험 아줌마'라는 사회적 편견이다. 종종 진상 같은 남자 고객들을 만날 때가 있다. 보험을 팔아준다는 핑계로 밥 한끼, 술 한잔 마시자는 것인데 판매실적이 곧 자신의 임금이다보니 매번 거절하기가 쉽지 않다. 어떤 날은 피치 못해 고객과 식사를 마치고 들어가는데 모텔 앞을 지나며 잠시 쉬었다 가자는 말을 들었다. 또 보험계약을 맺겠다며 늦은 시간에 단란주점에 부르는 사람도 있었다. 아무리 세상에 거저먹는 돈은 없다지만 그녀는 왜 수치심과 모욕감, 분노까지 감내해야 하는 것일까. 고객의 인생을 설계한다는 책임감에 약관을 달달 외우고 정성을 들여 보험 상품을 마련해가도, 팔고 나니 전화 한통 없다며 괘씸해할지도 모를 고객을 위해 가끔 전화해서 안부를 물어도, 그녀를 향한 편견은 여전하다.

밥 한두번 먹고 나면 모텔 앞 지나가면서 '저기 쉬었다 가자' 이래요. 그런 걸 참아야 된다는 게 어렵죠. 그런 걸 다 혼자 해결해야 하는 거고요. 요즘은 인식이 많이 바뀌었다고는 하지만 나이 든 사람들에게는 아직도 보험 아줌마는 '쉬운 여자'예요. (보험설계사 이정희씨)

학습지 교사인 정난숙씨는 자신이 교사가 아닌 영업사원이 되어야 하는 현실을 토로한다. 방과 후 활동, 과외, 학원, 학습지 등 여러종류의 사교육이 있는 요즘에는 학습지가 별로 인기가 없다. 아이들 시험 기간이 끝나면 그만두는 1순위도, 회비를 미루는 1순위도 학습지다. 가격도 저렴하고 교육방식도 간편한 탓에 값비싼 학원이나 과외에 비해 그만두기 쉽기 때문이다. 그러니 언제 회원 수가 줄어들지, 어느 달에 회비가 미납될지도 알 수 없다. 게다가 회사는 실적을 인정해준다는 명목으로 학습지 교사에게 자신들이 출판한 교재나 교양서를 팔도록 시킨다. 그달의 회원 수와 판매실적에 따라 소득이 결정되는 구조이니 학습지 교사는 학습지를 파는 영업사원이 되기를 강요받는다.

교사들이 느끼는 자괴감에는 학습지 교사를 '선생님'이 아니라 돈을 내고 사는 '써비스'로 여기는 엄마들의 태도도 한몫한다. 회원을 유지하기 위해서는 까다로운 엄마들의 입맛을 맞추는 게 무엇보다 중요하다. 아이들과 소통하고 교감하는 일보다 엄마들과 상담하고 비위를 맞추는 데 더 많은 신경을 쏟을 수밖에 없다. 그러지 않으면 언제 문전박대를 당할지 모른다. 수업을 하러 갔다가 대문에 '공부 안 할 테니까 그냥 가세요'라고 써붙여놓은 걸 보고 허탈하게 돌아와야 했던 적도 있다. 한때는 스승의 날이 되면 양말이나 스타킹 등 조그만 선물을 받기도 했었는데 요즘에는 수고했다는 말 한마디를 듣기가 어렵다. 한달에 3만원짜리 소모품으로 취급받는 현실에서 교사로서의 자부심을 지키기란 쉽지 않다.

예전에는 스승의 날에 양말이든 스타킹이든 조그만 화장품이든, 선물을 챙겨주시는 분들이 있었어요. 그런데 2000년대 후반 들어서는 거의 없어지고 있어요. 아니, 아예 없어졌어요. 말이라도 "선생님, 수고하셨어요" 해야 하는데, 스승의 날에도 아무 말도 없고…… 예전에는 엄마들이 선생님들을 어느정도는 '교사'라고 생각했거든요. 그런데 지금은 내 돈을 받아가는 사람이라고만 생각하는 거예요. (학습지 교사 정난숙씨)

아이들을 가르치고, 물건을 사람들에게 전달해주며, 몸이 불편한 환자를 돌보고, 미래를 대비하는 보험을 판매하는 사람들이 왜 돈만 내면 마음대로 다뤄도 되고, 위화감을 주며, 더러운 일을 하는 만만한 사람이 되었을까. 많은 특수한 노동자들이 처해 있는 열악한 노동조건이 도리어 사람들로 하여금 그들을 '이등시민'으로 규정하도록 하는 것은 아닐까.

업종 내 신분질서와 유리장벽

사회적 배제와 편견이 비단 특수한 노동자들의 직업 세계에서만 작동하는 것은 아니다. 고객이 아닌, 같은 업종에 종사하며 일상적으로 마주치는 노동자 간에도 암묵적인 신분질서가 존재한다.

간병인 김수란씨가 일을 하면서 환자와 보호자 외에 가장 많이 마주치는 사람은 간호사다. 요즘은 많이 바뀌었지만 여전히 간병인을 낮춰 보며 함부로 대하는 간호사를 종종 접한다. 동료 간병인이 새벽에 환자의 체위 변경 시간이 조금 늦었다며 화를 내는 간호사와 다툰 적이 있다. '아줌마! 2시간마다 포지션 체인지했어요? 아줌마는 주무시고만 있네요.' 사람이다보니 조금 더 잘 때도 있고 덜 잘 때도 있는데 앞뒤없이 거칠게 말을 하니 속이 많이 상했다. 밤새 환자의 가래를 뽑아내는 일도, 물리치료 환자를 침대차에 옮기는 일도 맡아가며 간호사의 일을 돕고 있는데 왜 이런 홀대까지 당해야 하는지 이해할 수 없었다.

간호사 중엔 우리를 깔보는 사람들도 있어요. 친절 케어가 아니야. 보호자들하고 우리 간병인들을 대하는 데 차별이 있어요. 저는 그게 참 이상하더라고요. (간병인 김수란씨)

대리 기사 이상훈씨는 자신들에게 무소불위의 권력을 행사하는 업체와 콜센터가 불만이다. 대리 기사 호출 프로그램에는 종종 차비도 안 나오는 이상한 오더가 올라온다. 손님이 말한 도착지랑 요금 정보가 다르게 올라오는 경우도 있다. 중개업체가 대리 기사를 상대로 페널티 장사를 하기 위해 '가짜 오더'를 올린 것인지, 아니면 실수로 올린 것인지는 알 길이 없지만 분명 잘잘못을 따져야 할 상황들이다. 미안하다는 말 한마디라도 들어보려고 콜센터에 전화를 해본다. 하지만 '내 말 안 들으면 배차 제한 걸어버린다'라는 식의 압박을 받고는 결국 화를 속으로 삭이며 전화를 끊게 된다.

같은 업종에 종사하고 서로의 일상을 공유하면서도 특수한 노동자들은 그 속에서 무시와 천대를 경험한다. 업무의 내용은 서로 다를지언정 같은 시간, 같은 공간에서 마주하며 함께 일하는 다른 노동자들에게 말이다. 오히려 손님을 상대하는 일보다 업종 내부의 신분질서와 소통을 가로막는 유리장벽이 특수한 노동자들에게는 더 큰 상처로 다가오기도 한다.

우리는 손님들 때문이 아니라 업체들의 강권적인, 고압적인 행태 때문에 어려워요. 상황실 보는 애들이 대부분 딸 같은 애들이에요. 그애들은 당연히 기사들은 자기네들한테 빌빌 싸야 한다는 인식을 가지고 있는 경우가 많아요. (대리운전 기사 이상훈씨)

'사장님'이란 이름에 사라져버린, 일하는 사람의 권리

간접고용이 탈법적으로 활용되는 사례로 가장 문제적인 것이 위장 도급·불법파견이다. 겉으로는 합법적인 것처럼 보이지만 실제로는 도급업체나 사용자가 노동자를 자신들의 관리감독하에 두고 전권을 행사하는 것을 일컫는다. 특수고용도 이와 다르지 않다. 형식상 개인 사업자로 분류되지만 실상 자신들에게 일을 배분해주는 위탁업체나 사업체의 요구에서 결코 자유롭지 못하기 때문이다. '자영업자로 위장된 노동자', 그들은 '노동자'가 아닌 특수형태근로에 종사하는 '사장님'이기 때문에 일을 하는 과정에서 발생하는 모든 책임을 고스란히 떠안게 된다.

그보다 더 큰 문제는 임의로 '노동자가 아닌 사람'을 걸러내고 사회적·제도적 보호의 바깥으로 내쫓는 우리 사회의 법제도다. 세상을 어찌 노동자와 사용자로만 양분할 수 있을까. 모든 특수한 노동자들이 스스로 '사장님'이 되기 위해 그 직업을 택하는 것은 아니다. 그들이 '사장님'인 것은 우리 사회가 그들을 일련의 사회제도 밖으로 내쫓고 '사장님'이라고 강제 호명하기 때문이다. 이러한 구조는 가장 근본적인 질문, 일을 하는 사람이라면 누구라도 당연히 누려야 할 권리와 보호가 무엇인지를 잊게 만든다.

국장님, 사장님, 실장님. 몇몇 직종에서 특수한 노동자들이 서로를 부를 때 흔히 사용하는 용어다. 하지만 이런 호칭이 특수한 노동자들이 정말 그러한 위치에 있다거나 스스로를 그렇게 인식하고 있다는 뜻은 아니다. 서로를 부를 만한 마땅한 호칭이 없는 탓에 별 뜻 없이 관습적으로 쓰게 된 말일지 모른다. 아니면 자신을 바라보는 사회의 시선들을 조금이나마 가려보기 위해 그들 스스로가 만들어낸 서글픈 장막일지두 무르겠다.

이름 없는 노동자,
나는 누구인가 ● 강은애

우리는 오로지 실적으로 평가받는 사람이에요. (채권추심원 김영수씨)

이 세계에선 숫자가 내가 누구인지 말해준다. 오늘 실어나른 물건의 갯수, 오늘 확보해온 고객의 수, 오늘 판매하고 수금한 현금보따리, 이러저러한 영업실적이 곧 자기 자신이다. 오로지 실적으로 평가받기 때문에, 매출은 곧 능력이고, 매출은 곧 나다.

이러한 조건에서 어떤 사람들은 자신을 노동자라고 말하고 어떤 사람들은 노동자도 사장도 아닌 프리랜서, 개인사업자라고 말하기도 한다. 어떤 이들은 자신이 노동자인지 아닌지 가늠해보지 않았을 뿐 아니라, 그런 것은 중요하지 않다고 말하기도 한다.

'가짜' 프리랜서

프리랜서란 '일정한 소속 없이 자유계약으로 일하는 사람'이라는 뜻이다. 과거엔 생소했던 프리랜서라는 말이 이제는 매우 일반적으로 사용된다. 그만큼 우리 주변에서 흔히 찾아볼 수 있다. 특정 조직에 소속되지 않고 자유롭게 자신의 일을 어디에 제공할지 결정하며 계약조건을 협의해서 결정할 수 있어야 진정한 의미의 프리랜서라 할 수 있다. 그런데 현실은 매우 이상하다. 소위 대표적인 프리랜서라 불리는 방송작가들의 임금과 노동조건, 일하는 장소는 한곳에 붙박여 있다. 그들에게는 자유로운 계약의 권한이 없다. 그런데도 그들은 프리랜서라고 불린다.

방송구성작가 김현주씨는 자신을 "진짜 프리랜서"와 구별한다. 진짜 프리랜서라면 개인들이 자신의 실력에 따라 '부르는 게 값'이 되도록 임금협상을 할 수 있어야 하지만, 방송국에서는 일방적으로 작가들을 연차별로 끊어서 고정된 임금을 지급한다는 설명이다. 막내-서브-메인작가의 위계구조에서 서브작가의 임금은 현재 주당 약 40만 원 선인데, 만약 사정이 생겨 방송이 나가지 않으면 해당 주의 임금은 지급되지 않는다. 그나마 그녀는 '잇뽕'했기 때문에 일에서 얻는 보람이라도 있지만, 막내작가들은 그조차도 어렵다. 온갖 자료수집에 감독들의 뒤치다꺼리까지 해야 하기 때문에 작가로서의 정체성을 갖기도 힘들다. 잇뽕을 하고 나서야 비로소 떳떳하게 자신을 작가라고 말할 수 있는 구성작가들은 방송국과 프로그램 단위로 계약을 맺는 프리랜서 형식으로 채용된다.

그러나 그들의 일상은 온종일 방송국에 매여 있다. 다른 방송국과는 일을 할 수도 없는 구조다. 실상은 한 방송국에 속해 있는 작가나 다름없지만, 고용계약을 맺지 않는데다, 작가라는 일의 특성 때문에 스스로를 고용된 노동자라고 생각하지 않는 경우도 많다. 하지만 방송국에 속한 이상 자유 없는 "가짜 프리랜서"일 뿐이다. 그녀의 말대로 "진짜 프리랜서"가 되기 위해서는 방송국을 뛰쳐나가야 한다.

(나가면) 진짜 프리랜서처럼 일하는 거죠. 예를 들어서 동시에 프로그램을 세개 할 수도 있어요. 출근도 프로덕션 상황에 맞춰서 해줄 수도 있고 안 해줄 수도 있고. 그런데 방송국 밖으로 나가면 수입은 훨씬 높아지지만 좋은 프로그램을 할 수는 없거든요. 그러니까 사실 돈과 명예, 둘 중에 하나를 택하는 거예요. 기업 홍보물이나 프로그램을 동시에 몇개씩 제작하면서 한달에 거의 천만원 이상씩 버는 분들도 많아요. (방송구성작가 김현주씨)

하지만 그녀의 말대로 작가라면 누구나 기억에 남을 만한 좋은 프로그램을 하고 싶어한다. 특히나 그녀가 만드는 시사프로그램을 제대로 제작하기 위해선 공중파 방송국만큼 좋은 환경이 없는 게 사실이다. 그러니 좋은 프로그램을 만들기 위해서는 말뿐인 프리랜서로 방송국에서 살아남아야 한다. "진짜 프리랜서"가 되어 고소득을 올리느냐, 아니면 좋은 프로그램을 만들기 위해, 명예를 위해 고용불안을 견디며 방송국에 남느냐의 결정은 오로지 작가 자신에게 달렸다. 한해에도 수십명씩 배출되는 방송아카데미의 젊은 작가 지망생들이 방송국을 향한 긴 줄에 서 있다. 이들 중 다수는 막내작가만 몇해 하다가 정작 작가로서 글은 써보지도 못하고 열악한 노동조건에 일을 그만두게 된다. 작가라는 직업인으로서의 정체성, 방송국이 일터라는 인식, 그 모든 것이 모호할 때, 길을 찾기란 쉽지 않다.

그러니까 그게 모호한 거 같아요. 분명히 일은 정직원처럼 하고 있는 거 같은데 대우라든가 나머지는 전부…… (방송구성작가 김현주씨)

이런 이상한 프리랜서는 더 많다. 흔히 캐디라 불리는 골프장 경기보조원 김경숙씨는 법에서 자신들을 프리랜서로 해석하는 것이 이해가 되지 않는다. '프리랜서'로서 최소한의 '자유'도 없기 때문이다. 자유로이 근무시간을 정하거나 쉬는 날을 가질 수 없다. 순번에 따라 내장객을 배정받고, 캐디피도 정해진 만큼만 받을 수 있다. 그래서 그녀는 자신을 골프장 '직원'이라고 생각한다. 골프장이 이를 인정하지 않을 뿐이다.

우선 경기보조원들은 회사가 배치해준 내장객을 받아야 해요. 저희가 선택할 수 없고요. 두번째, 그렇게 얘기한다면 캐디피에 회사가 관여할 필요가 없는 거죠. 내가 10만원을 달라 하건 100만원을 달라 하건, 내장객하고 맞으면 그만이에요. 회사가 제재나 징계를 할 필요가 없다는 거죠. 그런데 그런 거 다 하거든요. 제가 오늘 출근하고 내일은 출근하기 싫어서 안 한다 그러면, 그거에 따른 징계도 회사가 하지 말아야 해요. 그러니까 경기보조원은 자율성이 하나도 없는 거예요. (골프장 경기보조원 김경숙씨)

김경숙씨는 말뿐인 '가짜 프리랜서'들이 사실상 노동자라고 토로한다. 방송구성작가 역시 마찬가지다. '가짜 프리랜서'라는 말에는 진짜 프리랜서가 되지도 못하고 노동자로서 대우받지도 못하는 데에 대한 한탄이 섞여 있다.

'노동자'의 오너 마인드

어떤 사람들은 조금 더 자유롭게 일을 한다. 퀵써비스 기사 양용민씨나 대리운전 기사 이상훈씨가 그렇다. 시간 사용에 대한 자율성이 어느정도 그들에게 있다. 하지만 그들 역시 독특한 씨스템 속에서 특정 사업주와 계약을 유지하게 된다. 양용민씨는 이런 자신의 직업을 "야누스적"이라고 한다.

규칙에 구속받지 않고 조금은 자유롭게 일을 할 수 있다는 건 장점이지만, 반대로 우리가 부당한 일을 당하거나 사고가 나도 그걸 보호하거나 대변해줄 수 있는 방법이 없다는 거죠. 참 '야누스'적이죠. (퀵써비스 기사 양용민씨)

양용민씨는 다른 사정이 있을 때 일을 하루쯤 나가지 않거나 일찍 끝마칠 수는 있다. 그런 '자유'의 댓가는 물론 무보수다. 그가 보기에 특수고용직이란 자유로움 —— 허울에 지나지 않을 뿐이라도 —— 과 두려움이 공존하는 노동일 뿐이다. 그래도 그는 일을 할 때만큼은 물건 배송을 의뢰한 회사의 직원이라고 생각한다. 그런 마음가짐이 무엇보다 중요하다고 여기기 때문이다.

하지만 겉으로 보기에 특수고용직에 종사하는 사람들은 같은 퀵써비스 회사의 이름, 같은 금융기관의 이름, 같은 보험회사의 이름을 빌려쓸 뿐이다. 자영업자도 아니지만 회사의 직원도 아닌 개인들만 넘쳐난다. 양용민씨는 이런 특성 때문에 동료 모임이나 조직이 만들어지기 어렵다고 말한다. 그는 이런 특징을 "오너 마인드"라 칭한다. 실제로는 '오너'라고 보기 힘들지만 겉으로는 개인사업자이기 때문에 스스로를 노동자가 아닌 사장으로 생각하는 경우도 적지 않다는 말이다. 그러나 양용민씨가 허울뿐인 자유로움을 조소했듯, 이상훈씨도 이러한 "오너 마인드" 역시 허상과 같다고 생각한다.

물론 몇몇 직종들은 열심히 일해 돈만 모은다면 '진짜 사장'이 될 수도 있다. 퀵써비스나 대리운전의 경우 단골손님을 모아 직접 업체를 꾸리기도 한다.

> 손님들도 대부분 알잖아요, 매일 만나니까. 그 손님들한테 제 번호를 줘요. 그럼 단골이 생기는 거잖아요. 그렇게 자기 콜이 생기다보면 자기가 사장처럼 되는 거예요. (대리운전 기사 이상훈씨)

헤어디자이너인 배지은씨 역시 실력을 쌓고 돈을 모아 자기 지점을 내는 것이 꿈이다. "매출 톱10"이 되는 것, 그것이 그녀의 현재 목표다. 그녀는 매출이 많아야 능력을 인정받을 수 있다고 말한다. 그녀 말대로 매출 톱10에 오른다면, 지점을 내겠다는 꿈에 한발 더 다가갈 수 있을지 모른다. 그러나 그때까지는 그녀도 미용실에 매여 있으면서 개인사업자로 세금을 내고, 손님의 카드 수수료까지 자신이 지불해야 한다.

보험설계사 이정희씨는 자신이 A보험사의 이름만 빌려쓰는 개인사업자라고 생각한다. 그녀에게는 개인사업자로 일할 수 있는 조건이 오히려 "고맙다". 그 때문에 현재의 임금체계에 대해서도 별 불만은 없다. 회사에서는 개인사업자들에게 회사의 이름과 상품, 근무환경을 제공해주고, 개인들은 회사에서 제공받은 것으로 사업을 한 후 이득을 배분하는 방식. 물론 개인사업자들의 이익이 절대적으로 적지만, 이 또한 자본이 없어서 발생하는, 어쩔 수 없는 일이라는 것이 그녀의 생각이다.

너로 인해서 나도 이득을 취하고 너도 이득을 취하자는 거지. 장소라든가 씨스템을 제공해주는 대신에 너희들은 그거에 대한 값은 해야 하는 거다, 나도 너희들 이득에서 몇 퍼센트를 먹겠다, 이렇게 회사 측에서는 생각한다고. 쉽게 보면. 일하는 사람 입장에서는, 그것도 고마운 일이 될 수도 있지. 고마운 일이지, 사실. (보험설계사 이정희씨)

그렇다고 해서 그녀가 진정한 의미의 자유로운 개인사업자인 것은 아니다. 아침 9시 이전에 사무실에 출근해서 컴퓨터로 출근체크를 해야 하고 오후 5시에는 귀소해 하루 영업을 보고해야 한다. 출근일수를 채우지 않으면 수당도 없다. 다른 보험사의 보험을 동시에 판매할 수도 없다. 사실상 한 회사에 매여 있는 몸이다. 아침저녁으로 관리자에게 실적을 보고해야 하고, 영업소에서 목표로 한 실적에 도달하지 못하면 여지없이 관리대상이 된다.

그녀는 보험설계사들이 암암리에 다른 판매업도 겸하고 있다고 했다. 이른바 '투잡족'들이 많다는 것이다. 그녀도 보험 영업 초기, 소득이 낮아 보험과 함께 화장품 방문판매를 시작했다. 이런 종류의 투잡이 가능한 이유는 화장품 방문판매 역시 개인사업으로 등록되기 때문이다. 보험설계사들이 유사한 형태의 일자리를 동시에 갖고 있는 경우는 어렵지 않게 찾아볼 수 있다. 그녀는 보험 모집만 하는 것보다 유사한 다른 업종을 동시에 하는 것이 소득은 물론 보험을 모집하는 데도 훨씬 도움이 된다고 말한다. 여성 고객에게 친근하게 접근하기에 안성맞춤인 화장품 방문판매는 그녀의 주업을 돕는 부업의 역할을 하고 있다. 많은 보험설계사들이 투잡을 하는 것은 특수고용노동자들이 놓인 환경을 단적으로 보여준다. 고정된 수입이 없어 소득이 불안정하기 때문에 다른 일을 겸할 수밖에 없다.

그럼에도 불구하고 이정희씨는 적게 벌면 스스로가 게을렀기 때문이지, 다른 데서 이유를 찾을 필요도 없다고 생각한다. 그래서일까, 그녀는 자신을 '노동자'라고 생각해본 적이 없다. 그러니 보험업에 노조가 있어야 할 필요를 느끼지 못한다고 한다.

그렇다고 뭐 노조가 있어야 할 이유는 없어. 우리나라 사람들은 봐주면 끝이 없어. 앉아 있는 거 봐주면 눕고 싶다고 하고. 서 있을 때 생각하면 앉아 있는 것도 쉬운데. 그렇기 때문에 누가 옳고 누가 더 나쁘고 그런 것도 나는 탓하고 싶지도 않고. (보험설계사 이정희씨)

그녀가 하는 일의 특성은 자신을 노동자로 자각하지 못하게 하고 모호하기 그지없는 '특수'한 위치에 놓이게 한다. 그녀는 명백하게 보험회사에 매여 있으나 노동자로서 대우받지 못하는, 노동자와 사장님 사이 어딘가에 서 있는 것처럼 보인다.

채권추심원 김영수씨가 수당을 지급받는 방법은 보험설계사와 유사하다. 총 얼마짜리 부채에 대해 상환을 완료하면 의뢰인이 회사에 지급하는 수수료의 일정 비율을 배당받는 방식이다. 그 때문에 채권추심원도 '영업'을 한다. 오전에 사무실에 출근했다가도 각자 알아서 하루를 보내는 것도 보험설계사와 유사하다. 그러나 보험설계사인 이정희씨가 자신의 고용형태에 별 문제를 느끼지 못하는 것과 달리 김영수씨는 회사가 출퇴근이나 근태에 대한 제재를 하는 것이 이상하다고 생각한다. 개인사업자라는 계약관계와는 맞지 않다고 판단하는 것이다. 그러나 회사에 불만을 제기하기는 어렵다. 재계약에 영향을 주기 때문이다. 그런 불안은 그를 '개인사업자'로 남겨놓는다.

대부분의 특수고용노동자는 '개인사업자' 따위의 단어가 의미하는 것과는 매우 다른 조건에서 일하고 있다. 허울뿐인 자유, 말뿐인 오너는 가뭄에 콩 나듯 탄생하는 '진짜 사장'을 향한 신기루 같은 꿈으로 은폐될 뿐이다.

'노동자'였던 적 없는 노동자들

사실 보험설계사 이정희씨나 요구르트 배달원 성정미씨는 '노동자'라는 말이 낯설다. 그녀들도 물론 자신이 노동을 하고 있다고 생각한다. 노동을 하면서도 노동자라는 말이 낯선 이유는 무엇일까?

이정희씨는 전업주부로 살아오다 상경 후 이혼으로 홀로 서게 되면서 일을 시작했다. 그전까지 그녀는 한 아이의 엄마이자 남편을 뒷바라지하는 주부로 살아왔다. 삶이 그렇게 풍요롭지는 않았지만 먹고 살 만했기에 일을 해야 한다는 생각을 해본 적이 없었다. 그러나 일을 해야만 하는 시기가 다가왔을 때, 문득 여자 혼자 세상을 살아가기가 얼마나 힘든지 느끼게 되었다.

이혼을 딱 하고 나니까 경제적인 게 제일 어려웠어요. 일자리를 얻는 게 너무 힘든 거죠. 우리나라에 저 같은 경험을 하는 여자들이 많을 겁니다. 일을 하려고 해도 할 게 없어요. 너무나 할 게 없어요. 그랬을 때, '아, 내가 공부를 많이 했더라면, 내가 무슨 전문적인 자격증을 갖고 있었다면' 그런 생각을 했어요. 그게 한이에요. (보험설계사 이정희씨)

이정희씨는 보험설계사로 자리를 잡기 이전에 식당 야간 써빙, 죽 전문점의 주방 일, 노래방 카운터 등 몇가지 일자리를 전전했다. 12시간 꼬박 일을 하고 밤낮이 바뀌는 생활을 해도 월급은 150만원을 넘기 힘들었고, 몸마저 축나기 일쑤였다. 더구나 갑작스러운 고된 노동은 오랜 시간 동안 전업주부로 살아온 그녀를 우울하게 만들기도 했다. 힘든 시간들이었지만 그녀는 일자리를 찾기 위한 공적인 도움을 받아본 경험이 없다. 여성들의 재취업을 도모하는 여러 정책들이 있지만 그녀에게는 남의 나라 이야기다. 그런 써비스나 정책이 있는지 알 길도 없었을 뿐 아니라, 스스로가 대상인지도 모르고 있었기 때문이다. 그렇다보니 지난 몇몇 일자리에서도 4대 보험이나 퇴직금은 나의 이야기가 아닌 줄로 알고 살아왔다. 누구 하나 그녀의 권리를 친절히 설명해주지 않았고, 힘든 일은 으레 그런 줄로만 알고 있었다.

성정미씨 역시 마찬가지다. 그녀는 특수고용노동의 산증인과도 같다. 그러나 그녀 역시 특수고용이 뭔지, 노동자이고 노동자가 아닌 것이 무슨 차이가 있는지 잘은 모른다. 지난 십수년간 쉼 없이 일하면서 퇴직금 한번 타보지 못한 것이 의아하지만 '이쪽 일은 원래 그런 거 없다'라고만 알고 있을 뿐이다. 십대 후반에 피아노 제작 회사에 다닌 것 빼고는 특수고용직 일만 해온 그녀는 우유 배달, 알로에 제품 방문 판매, 보험설계사를 거쳐 현재 요구르트 배달과 판매를 하고 있다. 요구르트 배달을 한 지는 어느덧 10년이 다 되어간다. 누구보다 열심히 노동을 했지만 단 한번도 '노동자'로 대우받은 적이 없다. 몸이 아파 일을 그만둘 때도 3년이 넘게 일한 우유 배달 영업소로부터 퇴직금을 받지 못했고, 그 어느 일터에서도 4대 보험을 들어준 적이 없다. 당연히 실업급여 같은 것은 꿈에도 그려본 적이 없다. '노동자'라면 누구나 누릴 수 있는 권리를 평생 일하며 단 한번도 누려본 적이 없는 것이다.

이정희씨와 성정미씨는 그저 맡은 일을 근면하게 할 뿐, 노동자냐 아니냐 그런 것에는 관심을 둘 여유가 없었다. 사회적 보호망 없이 정글을 헤쳐온 이정희씨는 세상살이에 대한 나름의 노하우를 터득했다. 자본주의 세상에서 자본 없는 그녀를 받아준 곳은 없었기 때문에, 현재 보험회사를 단지 자신에게 판매할 상품을 제공해주는 곳으로 파악하는 것이다. 자신은 상품을 빌려 판매하기 때문에 수수료를 떼주는 것일 뿐, 그 이상도 그 이하도 아니라는 것이 그녀의 생각이다. 그러니 옳고 그름에 대해 왈가왈부할 필요가 없다고 말한다.

한편 성정미씨는 알로에 제품을 판매하다가 요구르트 판매원으로 자리를 옮긴 이유로 '고정된 월급이 나오는 줄 알았던 것'을 꼽는다. 물론 알고 보니 고정급이 아니라 고정 배달 수입이었고 그녀는 적더라도 안정적인 '월급'을 원했다. 그녀는 특수고용직의 일반적인 수수료 체계는 모르지만, '이쪽에는 판매수당만 있다'라는 것을 경험을 통해 알고 있다.

이정희씨와 성정미씨가 오로지 자신의 경험을 통해 자신의 일 ─ 특수고용직의 특성 ─ 을 이해한다면, 간병인 김수란씨는 노동조합에서의 경험을 통해 '노동'하지만 '노동자'로 인정받지 못하는 자신의 일을 설명한다. 그녀 역시 이정희씨와 마찬가지로 오랜 전업주부 생활을 접고 일터에 뛰어들었다. 대부분의 중년 여성이 경험하는 것과 마찬가지로 적당한 일자리를 찾는 데 어려움을 겪었다. 우연히 지인의 소개로 들어선 간병인 일은 고됐지만 그녀를 더욱 힘들고 답답하게 하는 것은 간병인은 노동자가 아니라는 사실이라고 했다.

방송구성작가 김현주씨나 헤어디자이너 배지은씨는 이정희, 성정미씨 등에 비해 이제 갓 사회생활에 접어든 특수고용직 여성들이다. 그녀들은 문화·예술이라는 특수한 영역으로 인식되는 직업에 종사한다는 점에서 어쩌면 더 힘든 조건에 있을지 모른다. 노동을 하지만 노동자로 불리지 못하고, 스스로를 노동자라고 인식하지도 않는 독특한 조건 말이다. 현재는 방송사의 작가로, 프랜차이즈 헤어숍의 디자이너로 '계약'되어 있지만, 이들을 개별 '창작자'로 분류하기도 하고 이로 인해 더러는 스스로도 노동자라는 이름을 거부하는 경우도 있는 것이 사실이다.

대리운전 기사부터 요구르트 배달원까지, 모두가 노동을 한다. 그러나 노동자라 주장하면 거절당하고, 프리랜서나 개인사업자라 말하기엔 참으로 이상하리만치 거대 자본, 사업자의 통제 아래 있다. 노동자와 노동자가 아닌 그 어딘가에 끼어 제대로 보호받을 수도 없는, 노동을 하지만 노동자였던 적이 없는 사람들, 그들은 어디로 가야 하는가.

'노동자'가 되기 위해

직업이 개인의 많은 부분을 규정하는 현대사회에서 '일'은 개인의 정체성을 구성하는 핵심요소다. 오늘날 일에 기반한 우리의 정체성은 불안하기 짝이 없다. 누군가에게는 '노동자'인지 아닌지가 문제가 되고, 누군가에게는 '교사'나 '작가'라는 일이 가진 특성이 더 중요하다. 이런 특수한 노동조건 덕분에, 더 불안한 이들이 분명 존재한다. 서서히 그러나 거대하게 진행되어온 노동시장의 변화는 노동자의 정체성을 새로이 구획하고 경계에 선 노동자들을 추방하고 있다. 스스로를 노동자라고 생각하지만, 모든 계약관계들이 내가 노동자가 아니라고 말한다면, 과연 나는 나를 무엇이라고 말할 것인가.

우리들이 이 사람들이 노동자인지 아닌지 정체성도 모르고 시작하는 거예요. 우리의 지향점이 분명히 있어도 우리가 누구인지 정체성 토론부터 먼저 들어가야 하고, 우리의 정체성이 나오면 지향점도 나오게 되고. 민주적으로 토대를 구축해나가면서 해야 하는데…… (대리운전 기사 이상훈씨)

이상훈씨는 자신을 노동자라고 생각하지만, 관련 법규들은 그를 노동자로 인정하지 않는다. 20년 가까이 퀵써비스 일을 해온 양용민씨 역시 마찬가지다. 그럼에도 그는 노동자로서의 정체성을 찾아가려 노력한다. 대리운전 기사 이상훈씨와 퀵써비스 기사 양용민씨를 포함하여, 학습지 교사 정난숙씨, 골프장 경기보조원 김경숙씨, 그리고 간병인 김수란씨는 노동조합 활동을 통해 자신의 정체성을 확인해왔다. 제도에서는 부정하는 노동자라는 정체성, 특히 '교사'로서의 자부심이나 사명감을 느끼기 어려운 조건 속에서 일하는 정난숙씨는 오히려 일 자체보다는 노동조합 활동에서 삶의 의미를 느끼고 있다고 말한다. 교사보다는 영업사원과도 같은 일 속에서 그녀에게 노동조합은 "청량제"와도 같았다.

제게 노조는 다람쥐 쳇바퀴 도는 일상에서 뭐랄까, 청량제 같은 거였거든요. 사람들 만나는 거 좋아하는 제가 다양한 사람들을 만나고, 또 그런 만남을 통해서 뭔가 의미있고 옳은 일을 할 수 있다는 희망을 주기도 했고요. (학습지 교사 정난숙씨)

그러나 다수의 특수고용직 종사자들은 동료들과의 결속이 쉽지 않아 고립되어 있다. 동료들이 한편으로는 경쟁자이기 때문에, 연대를 통해 정체성을 확인하기도 쉬운 일이 아니다. 채권추심원 김영수씨는 자신의 일에 대한 사회적 편견 때문에 노동조합은 물론이고 사회적으로도 고립되어 있음을 느낀다. 특별한 요구를 하고자 하는 욕심이 전혀 없다는 그는 단지 "노동조합을 통해 떳떳한 노동자임을 인정받고 싶다"라고 말한다.

한편으로 이런 고립에 익숙해진 사람들은 그저 열심히 날마다 주어진 역할에 충실할 뿐이다. 요구르트 판매원 성정미씨는 자신의 일을 "내 장사"라고 표현한다. 10년 가까이 정해진 구역에서 누구보다 성실하게 요구르트를 배달하고 판매해왔다. 보험설계사 이정희씨 역시 자신의 정체성에 대해 질문하지 않는다. 그녀는 단지 열심히 영업을 하면 그만큼 보상받는 보험설계사일 뿐이다. 성정미씨와 이정희씨는 우리 사회의 많은 여성 노동자들처럼 노동자라는 이름으로 불려본 경험이 없다. 4대 보험도 없지만 일을 할 수 있는 것만으로 감사해야 하는 이들은, 자신이 노동자라고 불리는 것조차 낯설다.

노동조합을 통해 거부당해온 노동자의 정체성을 찾아가는 길에 이들이 있다. 살아가기 위해 해온 노동을 '노동'으로 인정받을 수 있다면, 4대 보험을 보장받고 일터를 떠날 때 정당한 퇴직금이라도 받을 수 있다면, 그래서 내가 해온 노동의 가치를 인정받을 수 있다면, 드디어 자신을 노동자로서 긍정할 정체성을 찾을 수 있을지 모른다.

그들은 어떻게
스스로를 착취하게 되었나 ● 이주환

당신이 특수고용노동자이기 때문이다

퀵 하는 사람들도 이 나라 국민이잖아요. 자기 신체 수탈해가면서 정당하게 일하고 있는데, 너무나도 당하고 있고, 법적으로 아무런 보호를 받지 못하고 있는 부분이, 10년 넘게 이 일을 해왔지만 이건 아니다 싶어요. (퀵써비스 기사 양용민씨)

양용민씨는 15년차 베테랑 퀵써비스 기사다. 그는 자기 직업에 자부심이 있다. 퀵써비스 기사는 이 나라 물류의 모세혈관이자, "누구 등쳐먹지 않고 스스로 땀 흘린 만큼만 벌어가는 정직한 직업"이기 때문이다. 그러나 이 일에 종사하는 이들은 가난하다. 하루종일 열심히 일해도 가난하다. 양용민씨에 따르면 10년 전, 아니 15년 전과도 수입이 별 차이가 없다. 그동안 퀵써비스 단가가 거의 오르지 않았기 때문이다. 그리고 하루종일 열심히 일하면 몸이 망가진다. 웬만한 기사들은 일년에 한차례 이상 겪는 크고 작은 교통사고도 두렵지만, 꽉 막힌 도심을 달리며 들이마시는 매연도 심각한 문제다. 퀵써비스 기사는 이산화질소에 대한 노출 정도가 가장 심한 직업이다. 각종 폐 질환과 호흡기 질환, 남성 불임 등을 겪을 가능성이 상대적으로 매우 높다.

심각한 저임금과 열악한 노동조건은 사회적으로 의미있는 일을 하면서 정직하게 수입을 얻고 있다는 자부심을 유지하기 어렵게 만든다. 자기수탈에 가까운 노력의 댓가가 벗어나기 힘든 가난과 질병이라면 자기 존엄성에 대한 정당한 욕망은 상처 입을 수밖에 없다. 나아가 이러한 상처를 만들어내는 구조적 조건이 저 높은 곳에 있는 시장 논리의 이름으로 합리화된다면, 그리하여 보편적인 법적·제도적 보호조차도 이들을 배제하고 있다면, 이건 아니다 싶을 수밖에 없다. 국민연금·건강보험·산재보험·고용보험, 이른바 4대 보험은 노동자라면 누구나 누려야 하는 최소한의 제도적 안전망이다. 그러나 퀵써비스 기사들에게는 2012년에야 산재보험 가입이 허용되었다. 이들이 이른바 특수고용노동자이기 때문이다.

문제적 고용형태의 모호한 매력

특수고용노동자는 누구인가? 일반적인 자영업자와는 달리 자기 점포나 작업장 없이 개인으로 기업과 노무공급계약을 맺고 일하는 사업자다. 사업자지만 근로자 버금가게 높은 종속성을 보이는 개인들이다. 즉, 법적으로는 근로 제공 방법과 시간을 독립적으로 결정할 수 있는 자영업자로 규정되지만, 실제로는 특정 사용자의 지휘와 명령을 받으며 암묵적인 사용종속관계에 있다고 느끼는 이들이다. 실제 노동 과정은 상당 부분 종속노동관계(사용종속관계)의 굴레에 묶여 있지만, 법률적 지위로 인해 노동법의 보호에서는 배제된 이들이다. 이를테면 이런 식이다.

(방송국 주장대로) 작가가 진짜 프리랜서라면 부르는 게 값이어야 맞잖아요? 아니면 실력에 따라서 차등을 두거나. 왜냐면 작가들 실력이 다 천차만별이기 때문이에요. 그런데 여기는 교양국 내에서 작가들 급여를 연차별로 끊어서 관리해요. 말 그대로 프리랜서라면 자기 급여가 협상에 따라 결정되어야 하는데 실제로는 연공급과 유사한 형태로 사내에서 관리가 되고 있는 거예요. 보통의 프리랜서는 출근을 안 한다거나 출퇴근이 자유롭다거나 업무 외에 자기가 하고 싶은 일들을 여러가지 할 수 있다거나 그렇잖아요. 그런데 여기는 직원들과 똑같은 시간에 출퇴근하고 다른 일을 하기도 굉장히 힘들어요. 다른 데 시간을 쓸 수 있는 구조가 전혀 아닌 거

죠. 그런데 4대 보험도 안 되고. (방송구성작가 김현주씨)

요컨대 특수고용노동자는 자영업자성과 근로자성이 모호하게 중첩된, '문제적 존재 기반' 위에 있는 사람들이다. 이런 종류의 근로형태는 최근 확산됐다. 이는 산업화 직후인 1980년대 후반 틀이 잡힌 한국의 노동 관련 법제도체계에서는 생소하고 논쟁적이다. 그래서 특수하다. 우리 사회에서 이러한 특수한 존재들은 약 100만명에서 250만명가량으로 추정된다. 일하는 영역도 다양하다. 즉 이미 사회적으로 보편적이다. 특수고용노동자들은 건설 현장과 제조업 공장에 있고, 병원과 금융권에도 있다. 우리는 특고노동자들에게 크게 의존하는 물류운송체계에 의지해 생활하며, 특고노동자들의 손끝에서 만들어진 텔레비전 프로그램과 만화영화를 즐기고, 특고노동자들에게 아이들의 사교육을 맡긴다. 이처럼 다양한 영역에서 많은 이들이 개인사업자, 프리랜서 등의 이름 아래 일하는 만큼 벌 수 있다는 희망을 갖고 자기 시간과 관계를 쏟아붓고 있다.

특수고용과 같은 근로형태가 급속하게 확산된 이유는 뭘까? 여러 가지 설명이 제기되지만 세계화, 금융화, 정보화, 써비스화 등 거시적인 사회변동에 대응하는 자본의 전략 변화에 초점을 맞춘 것이 가장 그럴 듯하다. 즉 새로워진 시장환경에 대응하여 기업들이 노동비용을 절감하고 조직 및 재무 유연성을 확보하기 위해, 그리고 기업의 위험성을 분산하기 위해 선택한 '위계적 아웃소싱 전략'이 특수고용의 확산에 영향을 줬다는 주장이다. 고도화된 시장경쟁 리스크에 대비하기 위해 기업들이 예전 같으면 근로계약을 맺고 정식 직원으로 채용할 이들과 도급과 위임 등의 사업자 간 노무공급계약을 맺고 있고, 예전에는 직원이었던 이들을 사업부제나 소(小)사장제 등을 통해 조직의 경계 바깥으로 밀어내고 있는 것이다.

그런데 이게 뭐 어떻다는 걸까? 뭐가 문제적이고 논쟁적이라는 것일까? 자본을 거의 소유하지 못한 개인들에게도 시장경쟁에 참여할 수 있는 기회를 제공하는 것이니, 결과적으로 기업들의 위계적 아웃소싱 전략은 사회적 형평성을 고양시키는 선택은 아닐까? 관료적 기업조직 안에서는 유리감옥의 수감자 신분인 저학력자와 여성 등도, 시장경쟁 아래에서는 개인적인 능력과 노력 여하에 따라 획기적인 성공을 거둘 수 있다. 시장의 규칙은 성별이나 신분의 제약에서 벗어난 '공정한 경쟁'을 요구하기 때문이다. 기회 자체를 차단당한 일부 개인들에게 매력있는 일이다. 노동법의 보호를 받지 못하는 것, 사용종속 관계를 강하게 요구받는 것 등은 적은 자본으로 시장 참여의 기회를 얻기 위해 감내해야 할 댓가는 아닐까? 불만을 가질 일이 아니지 않을까?

조금만 머리가 빨리빨리 돌아가면 참 매력있는 일인 거 같아. 영업 잘 되면 짜릿한 성취감도 있고, 말 그대로 능력있는 사람은 더 하는 거고 게으르면 바로 표시가 나는 게 쎄일즈니까, 뭐 거기에 대해서 나는 불만이

없어. (보험설계사 이정희씨)

이정희씨는 주부로 지내다 사십대 초반 남편과 헤어진 후 이 일 저 일을 거쳐 2년 전부터 보험설계사를 시작했다. 그는 현재 직업에 만족한다. 그가 이전에 했던 식당 주방 일 등과는 달리 단순반복적인 육체노동에 하루종일 매이지 않고, 상대적으로 "남(자)들이 우습게 보지 못하기 때문"이다. 보험설계사로 벌어들이는 월 소득은 주방 일을 할 때 받았던 것보다 오히려 적지만, 화장품 방문판매까지 겸벌이를 하면서 벌충한다. 근로시간과 장소를 스스로 조정할 수 있기 때문에 가능한 일이다. 또한 보험회사 교육 프로그램과 각종 언론 기사에서 이른바 '수억대 보험왕'의 사례들을 자주 접하면서, 간혹 그런 이야기들의 프레임 위에 자신의 미래를 겹쳐본다. 그러면 전에는 없었던 희망이 가시거리 안에서 구현된다. 좀더 노력하면 손에 닿을 것 같은 희망이다.

불합리하고 부당한, 그리고 불안정한

그러나 이정희씨가 말하는 "조금만 머리가 빨리빨리 돌아가면" 닿을 수 있을 거라 믿는 이 직업의 매력은 보편적이지 않다. 2년 전 그와 함께 교육을 받은 16명의 동기들 중 현재 남은 이는 4명뿐이다. 회사가 압박하는 영업실적, 즉 성적을 못 맞추니까 "비전이 없게 느껴져서" 그만뒀기 때문이다. 대부분의 특고노동자들은 자본을 모으고 실력을 키워, 언젠가는 '진정한' 사업자 혹은 프리랜서가 될 거라는 희망을 갖고 열악한 오늘을 버텨낸다. 그러나 성공신화의 주인공이 되는 것은 극소수다. 시장은 냉혹하다. 적은 자본을 가지고 도전하는 이들에게는 더욱 그렇다. 결국 특수고용직 노동시장은 능력과 운에 따라 소수를 제외하고는 대부분이 단물 빨리고 경계 밖으로 내쫓기는 구조다. 낮은 진입장벽 덕에 빈자리는 금세 채워진다. 이러한 순환에 근본적으로 내재한 불안정성을 체감한 이들에게, 특고노동자로 살아가는 것이 매력적이지만은 않다.

그런데 소수만 성공한다는 것은 자본주의체제의 불문율 아니던가? 시장경쟁 탈락에 따른 책임은 당연히 스스로 져야 하지 않나? 하지만 특고노동자들은 시장경쟁에 독립적으로 참여하는 주체가 아니다. 기업에 속한 근로자와 마찬가지로 기업의 지휘와 명령을 상당 부분 받으면서 일한다. 노무공급계약을 맺는 기업과 개인 간에 커다란 권력 격차가 존재하고 현실적으로 이를 무시할 수 없기 때문이다. 이러한 불균형을 무시하고 양자를 법률적으로 동등하게 취급하는 기계적 중립은 불합리하다. 이러한 조건을 이용하여 기업들은 다수의 특고노동자들에게 시장경쟁의 리스크를 일방적으로 전가하고 열악한 노동조건을 부당하게 강제한다. 나아가 이들에게 주어지는 시장경쟁 참여 자격증은 공짜가 아니다. 이들에게 전가되는 시장경쟁의 리스크는 언제고 채무로 환산되어 수입에서 공제될 수 있다.

> 공부방 같은 사무실을 내기도 하고, 학원을 인수하기도 하고…… 말만 학습지 회사지, 완선히 문어발이에요. 건설업계에도 발을 담갔다가 쫄딱 망했어요. 학습지로 번 돈 다 꼬라박은 거죠. 학습지가 현금 장사잖아요. 돈이 항상 있으니까…… (다른 분야에 투자를 하는데) 성공하는 경우는 별로 없어요. 그게 교사들 인건비 인하로 돌아오는 거죠. (학습지 교사 정난숙씨)

이러한 맥락에 따라 특고노동자의 삶에 매력보다 불만을 느끼는 이들은 근로자와의 비교를 통해 자신들의 처지와 현실에 대한 인식을 구성한다. 노동법의 보호를 받는 근로자에 비해 자신들이 부당하게 당하고 있다는 것이다. 이를테면 '중간착취'와 '자의적 해고' 등 노동 법이 금지하는 행위들이 자신들에게는 제약없이 자행된다는 것이다. 그러나 이러한 행위들의 대부분은 노동법 관련 판례들이 누적해온 법 위반 기준에 부합하지 않는다. 다시 말해, 불법이 아니다. 한편에서는 중간착취와 자의적 해고로 인식되고 불안과 분노를 자극하는 행위들 이, 다른 한편에서는 시장논리에 따른 최적화된 거래 관행, 수요와 공 급의 불일치로 인한 단기적 조절이라는 정상적인 행위로 이해될 수도 있다.

네 밥줄을 내가 쥐고 있다

> 콜센터, 중개업체, 프로그램사, 단말기 업체, 통신사, 보험사 등등 대리 기사들이 이렇게 다방면으로 뜯어먹히고 있는 거예요. 우리는 손님들 때문이 아니라 업체들의 강권적인, 고압적인 행태 때문에 어려워요. 일반 대리 기사들은 개처럼 주면 주는 대로 받아먹어야 하는…… (대리운전 기사 이상훈씨)

대리운전 기사 이상훈씨는 자신들이 다방면으로 뜯어먹히고 있다고 느낀다. 이상훈씨 주변 대부분의 대리운전 기사들이 한달 동안 주 6일 밤샘 일을 하고 버는 돈은 대략 130만원에서 170만원 사이이다. 거기서 프로그램사, 콜센터, 중개업체 등으로 이뤄진 복잡한 다단계 알선구조에 매출의 20퍼센트 이상을 수수료로 떼어주고, 통신비와 보험료, 교통비 등을 모두 개인 부담으로 처리하면 기사의 몫은 훨씬 줄어든다. 지난 몇년간 운임 단가는 내려가고 수수료율은 올라갔다. 정보화시대의 새로운 테크놀로지 덕분이다. 손님의 주문을 가장 가까운 거리에 있는 기사에게 효율적으로 전달해주는 프로그램 덕분에, 기사와 주문자 사이에는 몇겹의 가파른 계단이 생겼다. 기사들의 노동량은 늘고 수입은 줄었다.

　이러한 계단의 가장 아래층에 있는 특고노동자들은 위층에서 주는 대로만 받아야 한다. 운임이든, 수수료든 "중간업체들이 말하는 게

법"이다. 다단계 구조를 허덕이며 오르내리는 기사 입장에서는 알선업체들이 가만히 앉아서 챙기는 수수료가 과도해 보일 수 있다. 이게 혹시 이른바 중간착취일까? 그러나 '중간착취의 배제'는 근로기준법상 조항이다. 취업 알선이나 고용 유지 과정에서 알선자가 중개료·수수료 등의 명목이나 감독자 등의 위치를 이용해 임금의 일부를 착취하는 것을 막기 위한 조항이다. 대리운전 기사 같은 개인사업자에게는 적용되지 않는다. 그렇다면 이것은 단지 거래와 교환의 문제일까? 밤새 일해도 한달에 150만원 벌기가 힘든 현실은 수요와 공급의 법칙이 만들어낸, 시장 참여자라면 당연히 수용해야 하는 균형점일까? 이도 아닌 것 같다. 이상훈씨처럼 현실에 분노한 이들이 보기에 이러한 열악한 노동조건을 강제하는 것은 '보이지 않는 완력'이다. 아니, 법률의 프레임에는 포착되지 않지만 당하는 사람들에게는 빤히 보이는 무소불위의 권력이다.

막스 베버(Max Weber)에 따르면 권력이란 어떤 사회적 관계에서 한 행위자가 다른 행위자의 저항에도 자신의 의지를 관철할 수 있는 위치에 있을 개연성이다. 특고노동자 입장에서 기업은 권력을 고압적으로 휘두른다. 기업과 특고노동자는 계약 자유의 원칙에 따라 법률상 동등한 사업자로 노무공급계약을 맺지만, 현실에서 양자가 위치한 경제적 고도(高度)는 현저하게 차이가 난다. 또한 양자 사이에는 심연(深淵)이 있다. 특고노동자들은 기업이 내려준 동아줄에 온몸을 내던져 매달려야만 시장거래라는 게임에, 나날의 밥벌이에 참여할 수 있다. 즉 경제적으로 종속돼 있다. 기업은 이러한 경제적 종속관계에 근거해 특고노동자들에게 자신의 의지를, 즉 지휘와 명령을 관철한다. 이에 저항하는 경우 밥벌이의 동아줄이 끊긴다. 보이지 않는 억센 완력이 끊어낸다. 존재가 심연으로 삼켜져, 깔끔하게 끝난다.

　　장거리 기사들은 알선소가 어디 있는지도 몰라. 그냥 (알선소에서) 전화 안 받으면 그날부로 깔끔하게 끝나는 거야. 찍힌 놈한테는 '컴퍼스 오더'를 보내. 같은 경기권이라도 저기 남쪽 끄트머리에서 북쪽 끄트머리로 왔다 갔다 하는 거를 보내는 거지. 그런 건 기름값 빼고 남는 게 없어. (화물트레일러 기사 유정구씨)

이렇듯 경제적 종속관계 아래에서는 사용종속성이 명시적이지 않아도 기업이 특수고용노동자들에게 자신의 지휘와 명령을 관철할 수 있다. 경제적 종속관계란 '네 밥줄을 내가 쥐고 있다'라는 문장을 고상하게 축약한 것이기 때문이다. 불복종하는 찍힌 놈들을 처벌할 수 있는 방법이 얼마든지 있다는 의미다. 오히려 명시적인 사용종속관계에 따른 노동법의 규제를 받지 않으므로 더 노골적으로 쥐고 흔들 수 있다. 기업이 특수고용노동자와 계약을 끊기 위해서는, 즉 해고하기 위해서는 '긴박한 경영상 필요'나 '사회 통념상의 정당한 이유' 같은 법률적 조건을 충족시킬 필요가 없다. "너 마음에 안 들어. 그만둬."라고 하거나, 그냥 업무 배정 프로그램의 접속 아이디를 막아버리면 된다. 업계가 그리 크지 않을 경우 노조를 만들려 했거나 퇴직금 소송에 참여하는 등 괘씸죄가 있는 이들의 명단을 블랙리스트로 만들어 돌릴 수도 있다. 나아가 중간관리자들 중 일부는 현대판 마름이 된다. 업무 배정 권한을 쥐고 직간접적인 금품 상납을 요구하고, 사용종속 관계를 넘어서는 인격적 복종을 강제한다. 통제수단으로 폭력을 휘두르기도 한다. 종사자 대부분이 여성, 고령층 등 사회적 약자일 경우 더욱 그렇다.

마스터가 순번 배치와 징계 권한을 쥐고 있으니까, 마스터한테 잘 보여야 해요. 아예 입사 때부터 돈 먹이고 들어오는 경우도 있고, 경기보조원이 재입사나 신규로 들어올 때 마스터한테 카드 주유권, 옷, 화장품 같은 선물을 해요. 더더욱 웃긴 거는 마스터가 (캐디들한테) 강매를 하는 경우도 많았어요. 찻잔, 커피잔, 은도금 수저, 화장품, 건강식품 카탈로그 주면서 사보라고…… 고용이 자기 손에 달려 있으니까 그런 횡포를 부릴 수 있는 거죠. 예전에 있던 관리자는 일상적으로 경기보조원 따귀를 때렸어요. (골프장 경기보조원 김경숙씨)

자본 없는 자영업자, 자유 없는 프리랜서

물론 이러한 전근대적인 지배와 처벌은 일상적이지 않다. 극단적인 사례들이다. 그러나 이런 일이 법제도로 거의 제어되지 않으며, 실제로 일어난다는 것이 중요하다. 이는 특고노동자들에게 자신들이 발 딛고 있는 곳이 근대적 노동사회가 이룩한 복지제도와 사회 안전망이 아니라, 시장이라 이름 붙여진 무법지대라는 점을 새삼스레 확인시켜 준다. 발버둥치지 않으면 가라앉는 불안정한 기반에 서 있다는 점을 상기시킨다. 특수고용노동자들은 불합리함과 부당함에 대해 한편으로는 분노로, 다른 한편으로는 구조적 불안정성에 대한 냉담한 인정과 수용으로 반응한다. 지배권력이 허용하는 것은 후자다. 그리하여 개인의 내면에서는 차가운 불안과 뜨거운 이윤 동기가 활성화된다. 특고노동자들의 노동을 지배하는 질서는 이러한 동기가 원활히게 작동할 수 있도록 조직돼 있다. 그리고 결국에는 기업에게 이윤이 최대로 돌아가도록 짜여 있다.

(수수료로 특수고용노동자 개인이 가져가는 비율이) 매출액이 300만원 미만이면 30퍼센트, 그 이상 4백만원 미만이면 40퍼센트, 그 이상 5백만원 미만은 49퍼센트…… 매출을 많이 올릴수록 많이 가져가는 구조로 보이지만 생각해보세요, 남의 주머니에서 매달 2천만원(매출액 600만원), 3천만원씩을 어떻게 빼내요? (채권추심원 김영수씨)

그렇기 때문에 한때 연극 배우를 했을 정도로 감수성이 예민한 김영수씨도 채권추심을 할 때는 의도적으로 무감각해지고, 채무자의 삶이 아닌 채권자의 서류를 바라보며 "독하고 모질게" 달려든다. 자기 가족의 생계가 무엇보다 우선이기 때문이다. 그렇게 해도 숙련된 김씨조차 월 200만원 가져가기 힘들다. 김영수씨의 동료들 대부분이 그렇다. 그럴 수밖에 없다. 분배의 규칙은 기업이 정한다. 특고노동자들이 더 많이 가져가는 구조를 용납하는 기업은 거의 없다. 특고노동자에게 제시되는 매출액 대비 소득의 함수는 오른쪽 위로 시원하게 뻗은 곡선이지만, 현실에서 이들의 통장에 매월 찍히는 숫자는 대부분 고만고만한 범위 안에 있다. 그 범위를 뚫고 치솟아 찬란하게 빛나는 수억대 연봉왕들은 통계적으로 배제되는, 말 그대로 극단치일 뿐이다.

그러나 이러한 극단치가 실제로 존재한다는 것과 쭉 뻗은 곡선의 역동성은 개인적인 삶의 고달픔이나 갈증과 기이하게 결합하여, 어떤 이들에게는 신기루로 작동한다. 조금만 더 하면 손이 닿을 것 같아 어떻게든 저 높은 곳에 도달하고 싶은 열망을 일으킨다. 이런 상황에서 특고노동자 개인이 현실에서 무엇을 할 수 있을까? 대부분의 경우 그동안 해온 일을 더 많이, 더 열심히 할 뿐이다. 그러나 그것만으로는 평균 이상의 소득을 얻을 수는 있어도 진정한 사업자나 프리랜서가 될 수 없다. 특고노동자들의 노동 과정과 소득분배는 기업에 대한 경제적 종속관계 아래서 구조화되기 때문이다. 개인의 노동시간과 강도를 증대하는 것으로는 구조적으로 한계 지어진 소득 범위를 벗어날 수 없다. 결국 기업의 손바닥 위일 뿐이다.

문제는 이러한 신기루를 향한 행진이 개인의 삶을 심각하게 사막화할 수 있다는 점이다. 달성 불가능한 고소득을 향한 개인들의 '자발적인', 그리고 법적 기준에 제한받지 않는 노동의 시공간 확장은, 개인의 생활과 인간관계를 메마르게 할 수 있다. 노동시간과 여가의 경계가 모호해지고, 동료애보다 경쟁의식이 앞서게 되며, 영업대상과 친교대상이 뒤섞여 인간관계를 망치는 일 등이 벌어진다. 이를테면 "일요일 집에서도 무전기와 PDA에 신경을 집중"하다가 "괜찮은 오더 나오면 바로 옷 갈아입고 출발"하고, 거리에서 동종업계 종사자를 알아봐도 "(영업을 통해) 저 사람 것을 뺏어와야 되고 내 것은 뺏기면 안 되니까" 쳐다보지도 않으려 할 수 있다. 영업실적을 맞추기 위해 사적 모임에 가서 사람들을 귀찮게 하거나, 일과시간이 아님에도 낯선 이가 쏟아내는 남편 흉 같은 별의별 이야기에 장단을 맞추며 머리를 굴려야 하는 경우도 종종 있다.

　　물론 모두가 이러한 식으로 행동하지는 않는다. 자본주의체제에서 노동이 사적 삶의 시공간과 관계를 잠식하는 경험은 특고노동자들에게만 해당되는 것도 아니다. 이른바 '노동중독'은 오늘날 보편적이다. 그러나 기업가적 위험성을 공유하는 개인인 특고노동자들이 근로자에 비해 삶을 사막화하는 신기루적 욕망에 민감하다는 주장은 어느정도 개연성이 있다. 기업가적 위험성, 즉 기업 측에서 시장경쟁의 리스크를 전가받은 개인에게 주어진 이윤 창출의 도구가 자기 신체뿐이라면, 스스로를 한계 이상으로 수탈하고자 하는 욕망을 자극받는 것은 당연하다. 이는 노동법을 적용한다고 제어할 수 있는 문제가 아니다. 노동법 같은 근대적인 규범은 타인에 의한 초과 착취를 규제할 뿐이다. 자본 없는 자영업자, 자유 없는 프리랜서의 허울 아래 자발적으로 이뤄지는 모순적인 자기착취는 제어할 방법이 없다.

하루하루의 평범하고 소박한 삶을 위하여

요컨대 특수고용과 같은 고용형태는 자본에 의해 전략적으로 제기된 새로운 종류의 노동력 상품이다. 이는 산업화 시대의 근로계약 관계에 비해 두가지 측면에서 새롭다. 먼저 노동법 등 기존 규제의 그물에 잘 포착되지 않고, 다음으로 노동자 스스로에 의한 자기착취 혹은 착취적 규범의 내면화가 쉽게 가능하도록 고안돼 있다. 이윤 추구를 최우선 순위에 놓는 자본에게는 매력적이다. 그러므로 사회적으로 문제적이다. 앞서 언급했듯 특수고용 노동시장의 순환은 매우 급격하고 불안정하다. 노동자 생활조건의 안정적인 재생산을 보장하지 않는다. 또한 특고노동자의 노동 과정과 분배 관계를 규율하는 질서는 사회통합적 규범을 무력화한다. 전사회적 갈등과 긴장을 누적시킨다. 이러한 위태로운 결과를 야기하는 노동형태의 확산은 칼 폴라니(Karl Polanyi)가 말하는 '시장의 자기조정 운동'의 결과로 개념화할 수 있다. 폴라니에 따르면 서유럽에서 18세기 후반 형성된 자기조정적 시장은 그 이전의 통제된 시장과 달리 생산의 결과물인 재화뿐만 아니라 생산 과정에 투입되는 요소인 노동·토지·화폐 역시 상품화함으로써, 인간·자연·생산조직 등 모든 것을 자기 지배 아래에 두려 한다. 이렇듯 자본주의의 역사를 시장의 자기조정 운동과 이에 대응하는 사회의 자기회복 운동의 길항작용으로 파악하는 폴라니의 인식에 따른다면, 특수고용형태의 급격한 확산은 자기조정적 시장의 극한적인 이윤 추구가 노동 과정 밖의 살아 있는 인간의 삶과 사회적 관계들을 잠식하고 파괴하는 과정이다.

하루 14시간 노동이 기본이었던 초기 자본주의의 야만적인 착취의 역사에서 확인할 수 있듯, 시장에서의 선택권, 즉 자본을 갖지 못한 다수에게 완전자유시장이라는 이념이 득세하는 사회는 유토피아가 아니라 디스토피아에 가깝다. 또한 수많은 역사적 경험에서 확인하듯 유토피아 이념에 기반한 운동은 이를 거스르는 현실의 변증법적 움직임에 의해 배반당할 수밖에 없다. 홀로 빛나는 극단치가 되기보다는 "하루하루 노동을 통해 안정적으로 가족을 유지하는 평범한 삶"을 누리고 싶은 다수 특고노동자들의 소박한 염원과 충돌한다. 특고노동의 확산은 근면·성실을 강제하는 것으로도 부족해 지속적인 자기계발과 자기상품화를 생존조건으로 내거는 극단화된 자본주의체제의 단면이다. 이런 사회에 적응하는 것은 누구에게도 쉬운 일이 아니다. 그 어려움을 자기착취로 돌파하려 하는 것은 피로와 공허함을 확대재생산하는 과정일 뿐이다.

이를 극복하기 위해서는 자본이 자신의 삶을 사막화하고 있다는 깨달음에서 출발하는, 노동자들의 자기회복을 위한 광범한 사회적 운동이 필요하다. 일 때문에 개인의 사생활이 파괴되지 않도록 보호해주고, 또한 노동자로서 누려야 할 권리를 보장해주는 사회적 장치를 만들어가는 과정에 노동자들 스스로가 참여할 수 있어야 한다. 이는 사회적 리스크를 증대시키는 자본의 자유를 제어하기 위해 법과 제도를 재구성하는 과정일 터이다. 노동법이 포괄하는 노동자와 사용자의 범위를 현실에 맞게 확대하고, 사회복지와 안전망을 더 광범하게 적용할 것을 정치권력에게 요구하며, 기업에게 그 구성원과 전체 공동체의 발전을 위한 사회적 책임이 있음을 당당하게 제기하는 과정일 것이다. 자본에 대한 종속에서 벗어나 이러한 자기회복 운동에 직간접적으로 참여하거나 그 역사성을 긍정할 때, 특수고용노동자들 역시 주도적으로 삶을 가꿔갈 수 있을 것이다. 나아가 특수고용노동자들이 더이상 특수하지 않게 받아들여지는 새로운 사회연대의 질서가 보편화될 수 있을 것이다.

특수한 노동자들의 희망 찾기

고달픈 삶과 개선 없는 사각지대

> 먹고살 수 있다는 거 빼면 만족할 만한 게 별로 없어. 일단은 쉬는 문제
> 가…… 먹는 문제, 음식도 그렇고. 너무 익숙해져서 뭐가 불만인지, 애매
> 하네. (화물트레일러 기사 윤정구씨)

지입차주인 윤정구씨가 얘기하듯 특수고용 일자리는 이미 많은 사람들의 생계 기반이다. 이들은 여느 노동자들은 겪지 않아도 될 문제들에 너무 익숙해져서 부당한지도 모른 채 일하고 있다. 이들은 법적 노동자가 아니라는 이유로 헌법의 노동 3권(단결권·단체교섭권·단체행동권), 노동관계법의 보호와 사회보험의 혜택을 전혀 받지 못하는 사각

지대에 있다. 제도적 보호장치와 권익 대변 창구가 없어 소속 사업체의 일방적인 계약 변경이나 중개업자들의 중간착취와 같은 '갑(甲)'의 전횡에 항시 시달리는 '을(乙)'의 신세다.

사회적 보호망에서 소외된 특고노동자들은 고용불안과 부족한 벌이를 휴일을 자진해서 반납하며 장시간 노동으로 해소하거나 벌충하지 않을 수 없다. 다치거나 아파도, 부당한 처우를 당해도 하소연할 곳이 없으며 제대로 된 식사 공간이나 휴식 공간조차 없는 비인간적인 노동환경을 감내해야 한다. 특수고용노동자들이 2010~12년 국민권익위원회에 진정한 2,306건의 민원 내역은 사회보험 미가입, 근무시간, 휴일·휴가, 모성보호와 성희롱에 대한 근로기준의 부재, 불합리한 계약과 사업주의 지위 남용이나 부당 계약 해지 등에 대한 고충해결 장치 미비 등이며 이는 그들의 열악한 노동 현실을 여실히 보여주고 있다. 게다가 열악한 노동조건에도 불구하고 절박하게 생계벌이에 나설 수밖에 없는 중장년층이나 청춘의 열정에 이끌린 청년들로 취업예비군은 넘쳐나니 그들의 지위는 더욱 취약해지고 있다. 그러다보니, "어떻게 (기사들) 피를 빨까 혈안이 되어 있는" 일터에서 자신의 일에 대한 만족도를 "빵점"이라 말하는 퀵써비스 기사 양용민씨의 자조 섞인 발언에서나, "이거는 돈벌이라 생각할 수 없는 그런 벌이를 누가 만들어놨는지"라고 분노하는 간병인 김수란씨의 말에서 여실히 드러나듯이 많은 특고노동자들은 자신들의 노동에 대한 자괴감과 불만을 켜켜이 쌓아가고 있는 것이다.

그동안 이들의 권익을 법으로 보호해야 한다는 논의는 무성했으나 실제 법제화는 제대로 이뤄지지 않았다. 특고노동자의 문제가 처음 수면에 떠오른 것은 지난 2000년 정부가 발표한 '비정형근로자 보호대책'을 통해서였다. 그후 특고 문제는 수년 동안 노사정위원회 차원에서 비정규직 대책의 핵심 현안으로 다뤄졌으나 별 성과를 내지 못했다. 지난 2007년에는 국가인권위원회가 '특수형태근로종사자 보호 방안에 대한 의견 표명'을 제시하며 계약 존속 보호, 노동 3권의 보장, 사회보험제도의 적용 등을 내용으로 하는 법률을 제·개정하도록 노동부와 국회에 권고했으나 결실을 맺지는 못했다. 한편, 17대(2004~2008년)부터 제19대(2012년)에 이르기까지 국회에서 특고노동자의 보호를 위한 법률안이 수차례 발의되었으나 일부 특고직종에 대한 산재보험 적용이 도입·시행되는 등 제한적인 개선에만 그쳤다. 이에 특고노동자들의 봇물 같은 민원을 받아들여 국민권익위원회가 2013년 1월에 '특수형태근로종사자 권익보호 등에 관한 법률'의 제정을 다시금 권고함으로써 특고 문제는 박근혜정부의 노동정책에 시급한 과제로 제기되고 있다. 이같이 제도 개선이 지체되자 사각지대를 노려 사업주들이 특고 인력 활용을 크게 늘리는 한편, 열악한 취업여건은 방치되거나 심지어 개악되고 있다.

특수한 노동자들의 정체는?

특고노동자들을 위한 제도 개선이 늦어지는 가장 큰 이유는 그들이 과연 노동자인지에 대해, 즉 '노동자성'을 둘러싸고 노동계와 경영계가 첨예하게 대립하고 있기 때문이다. 경영계는 특고노동자를 '민법'상 위임이나 도급계약의 주체이기 때문에 법적으로 독립자영업자로 보아야 한다고 주장하며 별도의 제도적 보호가 필요치 않다고 주장한다. 반면, 노동계는 그들이 특정 사업체에 경제적으로 종속되어 있을 뿐 아니라 업체의 지시·통제를 받는 만큼 노동자로 인정하여 노동법의 보호를 적용해야 한다는 입장을 견지해오고 있다. 그나마 지입차주·경기보조원·학습지 교사 등과 같은 일부 직종의 노동자성을 인정하는 판례가 나와 제한적이나마 그들 직종을 중심으로 권익보호의 길이 열리고 있다. 하지만 여전히 전체 특수고용종사자에 대해서는 노사정 간의 합의가 이뤄지지 않아 관련 법의 제·개정은 아직껏 요원한 것이 우리의 현실이다.

이제는 우리도 하나의 직업으로, 한명의 노동자로 제대로 인정을 받아보자. 내세울 수는 없는 직업이지만 그래도 우리도 하나의 직업으로, 자본주의 사회에 속한 한명의 노동자로 인정을 받고 싶다. (채권추심원 김영수씨)

김영수씨를 비롯해 수많은 특고종사자들이 스스로 노동자임을 명

백히 주장하는 데는 충분한 이유가 있다. 그들은 여느 노동자들과 마찬가지로 출근부터 퇴근에 이르기까지 하루하루의 업무 수행에 소속 사업체의 실질적인 지시·통제를 받고 있으며 업무 배치·직무 교육·근무 평가·회의 참석 등에서 업체의 관리방침에 따라 일하고 있을 뿐 아니라 해당 업체의 수익을 위해 필요한 노동을 제공한 댓가로 자신의 소득을 얻고 있어 경제적으로도 종속되어 있기 때문이다. 따라서 특고노동자들은 형식적으로는 생산수단을 보유한 자영업자의 신분이지만, 실질적으로는 독립적인 자율성이 없이 특정 사업체에 매여 일상적인 감독과 통제를 받고 있어 사실상의 노동자와 다름없다. 상당수의 특고직종은 과거에는 정규직이 수행했던 것인데, 1997년 외환위기 이후 고용유연화의 일환으로 현재의 특수한 신분으로 탈바꿈했다는 점에서 이들의 노동자성이 은폐된 채 유지되고 있다고 본다. 이에 더하여, 최근에는 다양한 업종에서 제도적 사각지대를 틈타 개인사업자 위탁의 인력관리 방식이 널리 퍼지면서 특수고용 일자리가 눈에 띄게 늘어나고 있다. 이러한 이른바 '위장된 고용관계'(disguised employment relations)는 한국뿐 아니라 해외에서도 크게 늘어나는 추세이다. 국제노동기구(ILO)는 2006년에 이들 특수한 노동자를 보호하기 위해 각국의 정부가 효과적인 제도와 정책을 강구·시행할 것을 권고했다.

특수한 노동자들을 위한 제도 개선의 묵은 숙제들

세계적으로 특수고용노동이 확산되다보니 각국에서는 다양한 방식으로 권익보호에 나서고 있다. 독일·프랑스·영국·오스트리아 등의 유럽국가들에서는 이들을 유사근로자로 규정하여 별도의 노동법을 제정해 근로기준과 노동권을 보장하고 있는 한편, 우리나라를 비롯해 미국과 일본에서는 아직껏 법적 보호를 마련치 않은 채 법원의 개별적인 판결에 의존하여 보호 여부를 결정하는 수준에 머물러 있다. 이딸리아에서는 노사 간의 협상을 거쳐 근로조건 등을 단체협약으로 보호하고 있다. 이러한 방식들을 비교해보았을 때 보호 범위와 수혜 대상을 감안하면 입법적 접근이 노사협약이나 사법적 판단에 비해 더 포괄적이며 적극적이다.

노동권이나 노동관계법은 기본적으로 자본주의 시장경제하에서 노동자들은 불가피하게 경제적 약자일 수밖에 없다는 구조적인 불균형을 인정해 내놓은 제도적 보완책이다. 자신의 노동력을 팔아서 생계를 유지해야 하는 노동자들은 사용자에게 경제적으로 의존할 수밖에 없는 '비대칭적인 교환관계'에 있으며, 사용자들은 이를 이용한 비인간적인 횡포와 통제를 서슴지 않게 되었던 것이다.

노동-자본의 불균등한 권력관계에서 비롯된 노동력 착취가 날로 가혹해지자 노동자의 집단적인 저항이 거세지고 계급 대립이 극심해져 20세기 초반 유럽에서는 사회주의혁명이 연이어 발발했다. 자본주의체제 내부에서도 부의 집중과 빈곤, 실업에 의해 불평등과 양극화가 감당키 어려울 정도로 심화되었고, 정상적인 시장경제의 지속가능성을 크게 위협하는 대공황이 발발하기도 했다. 이러한 역사적 배경에서, 서구사회는 아이러니하게 자본주의 시장경제의 유지를 위해 노동 3권과 근로기준 그리고 사회복지를 제도적으로 보장·확립한 것이 지금의 정규직 노동자들을 보호하기 위한 여러 제도가 된 것이다. 그런데 신자유주의와 노동시장 유연화가 널리 전개되면서 정규직 중심의 기존 제도로 보호받지 못하는 취약 노동자 집단들이 양산되었다. 대표적인 예가 특고노동자들이다.

인권위와 국민권익위는 2012년 '특수형태근로종사자 권익보호 방안'에서 고용형태의 다변화로 근로자와 자영인의 중간 영역에 있는 특수형태근로종사자가 관련 법률 부재와 자유방임으로 사회 취약 계층으로 전락하고 있는 현실에서 특정 계층(정규직 지칭)만 법적 보호를 받을 수 있도록 하는 것은 시대 흐름에 역행하는 것이라고 말한 바 있다. 근로·취업형태에 관계없이 근로주체들이 사회구성원으로서 평등한 기본적 보호를 받을 수 있도록 법령을 제정하는 것이 국가의 책무라는 것이다. 노동조합 조직률이 10퍼센트 수준으로 턱없이 낮은 상황에서 노사교섭을 통해 이해를 대변하기란 어렵다. 또한 법원의 개별 판결만으로는 전체 특고노동자의 문제 해결을 바랄 수 없는 만큼 법제도는 반드시 마련되어야 할 사회적 당위다.

그러면 제도적 틀을 마련하는 데에 고려되어야 할 점을 몇가지 살펴보기로 하자. 우선 특고노동자의 보호 입법이 지체되는 가장 큰 이유인 노동자성에 대해 정부와 정치권의 전향적인 결단이 필요하다. 적게는 100만에서 많게는 200여만에 이를 것으로 추산되는 특고노동자들을 더이상 제도적 사각지대에 방치하는 것은 정부의 국가적 책무를 방기하는 것이라는 비판을 피할 수 없다. 물론 특수고용형태 종사자들 중에는 수억원의 수입을 올리는 고소득자나 자영업자의 특성을 바라는 사람들도 있어 노동자성에 대한 논란의 여지가 있는 것은 사실이다. 그러나 현행 노동법의 의도가 최소한의 노동자 권리를 설정하는 것이듯이 이와 관계없이 특고노동자들을 경제적 종속으로 인한 부당한 처우로부터 보호하기 위해 최소한의 법적 기준을 마련해야 한다는 것은 무리한 주장이 아니다. 아울러 특고노동을 직접 활용하는 사업체뿐 아니라 대리 기사, 지입차주, 퀵써비스 기사, 간병인의 경우와 같이 알선·중개 등 다양한 방식으로 중간 수익을 챙기는 사업자들이 등장하고 있다는 점을 유념하여 사용자의 법적 범위를 확대 규정해 중간착취를 근절할 필요가 있다.

특고노동자의 권익을 보호하기 위한 두번째 과제는 크게 근로기준의 마련과 사회보험의 적용 그리고 노동권의 보장으로 나눠 살펴볼 수 있을 것이다. (이미 인권위원회와 국민권익위원회에서 제시하듯이) 고용관계의 지속성과 보수 지급의 보장, 균등한 처우, 산업 안전 및 보건, 휴일·휴가의 적용, 성희롱 구제와 모성보호, 업무상 고충처리 등 기본적인 근로기준을 갖추도록 해야 할 것이다. 또한 근로기준의 위반 예방과 침해 시의 고충처리를 위해 현행 근로 감독 행정기관과 노동위원회의 보호대상에 특고노동자를 포함해야 할 것이다. 또한 현재 4대 보험은 1인 이상 사업체에서 종사하는 모든 노동자를 대상으로 하고 있으나, 특고노동자들은 근로자의 지위를 인정받지 못해 이러한 사회 안전망에서 배제되어 있다. 따라서 직장 가입 방식으로 4대 보험 혜택을 누릴 수 있도록 해야 할 것이다. 또한 특고노동자들은 헌법에 보장된 노동 3권을 아직껏 누리지 못하고 있다. 역사적으로 노동 3권은 거래에서 불리할 수밖에 없는 노동자들의 거래조건을 개선하기 위한 협상과 집단행동을 제도화한 것이다. 마찬가지로 특고노동자가 사업주와 개별적으로 노동조건을 협상하기에 역부족일 수밖에 없다는 점을 인식한다면, 이들에게 합법적인 노동조합 조직과 단체교섭·단체행동을 허용하는 것은 당연한 과제이다.

셋째로, 그동안 특고노동자를 보호하기 위한 제도의 도입이 지체된 것은 입법방식을 둘러싼 노정 간과 노동계 내부의 적잖은 입장 차이 때문이다. 특고노동자의 근로자성을 인정한다면 당연히 현행 노동법의 개정을 통해 다른 노동자들과 동일한 제도적 보호를 제공해야 한다는 입장이 있는 한편, 특고노동자의 애매한 고용관계를 고려하여 일부 노동권과 근로기준을 제한하는 별도의 법률을 제정해야 한다는 입장도 있다. 그들의 노동자성을 전제하는 경우에는 노동법의 확대적용이 마땅하다. 하지만 아직껏 이에 대한 노사정의 합의가 없으며 특히 사용자 단체의 강한 반발로 제도 개선이 계속 지체되고 있다는 점을 감안하면 현실적으로 독일 등 유럽국가의 유사노동자 보호법을 본보기로 삼아 우선적으로 특별법을 추진하는 방안을 고려해볼 수 있다. 물론 경기보조원과 지입차주 등과 같이 이미 사법부의 판결로 분명하게 노동자로서의 법적 지위를 인정받은 경우에는 별도의 법이 제정된다 하더라도 기존 노동법의 보호와 적용을 받아야 할 것이다.

특수한 노동자들의 희망 찾기

저는 노동조합을 되게 싫어했어요. 그런데 저희에게 당면한 일이잖아요. 노조가 아니면 해결 방법이 없으니까 해야지요. 앞장서지는 못하더라도 노동조합 활동은 해야겠다 그런 거예요. 여기에 몸담고 있다보니까 이런 요구를 해야겠다 이렇게 된 거죠. 저만이 아니고 후배들 자꾸 배출되는데, 그들은 눈물 콧물 안 나게 해줘야 할 거 아니에요? (간병인 김수란씨)

우리가 만난 많은 특고노동자들은 열악한 환경에도 불구하고 부당한 현실에 맞서 투쟁하고 있었다. 양용민씨가 얘기하듯 자신이 당해온 그릇된 노동 현실을 "뭔가 한가지"라도 개선하기 위해, 그리고 '늘그막'의 김수란씨처럼 후배들에게 비인간적인 처우가 대물림되는 것을 막기 위해 노동조합을 만들어 저항하고 있는 것이다. 골프장 캐디 김경숙씨는 관리자의 횡포에 맞서 결성한 노동조합의 간부로 활동하다가 회사의 일방적인 해고로 일자리를 잃었으나 부당해고에 대항해 오랜 법정 투쟁을 이어가고 있다. 학습지 교사 정난숙씨도 회사의 일방적인 수수료 삭감에 항의하고 있으며, 화물트레일러 기사 윤정구씨와 대리 기사 이상훈씨 역시 온갖 희생과 부담을 강요하는 업계의 착취구조를 바로잡기 위해 열혈 투사로 앞장서고 있다.

노동조합으로 뭉친 특고노동자들은 버거운 현실에도 많은 변화를 만들어왔다. 대표적으로 화물연대는 지난 10년 동안 우리 경제의 지축을 흔드는 투쟁으로 운송부문에 적잖은 제도 개선을 이뤄냈다. 특고노동자들이 화물연대처럼 제도나 정책에서 가시적인 개선을 이룬 경우는 아지껏 드물지만, 각각의 일터에서는 나름의 변화를 일구이오고 있다. 제도적 보호의 공백에서도 관리자의 횡포와 부당한 처우 그리고 소속업체의 불법적 거래 관행을 시정하거나 열악한 근로환경과 복지조건을 개선하였다. 더 중요하게는, 노조 활동과 집단행동의 경험을 통해 특고노동자들은 "부당하면 부당하다고 얘기할 수 있다"(경기보조원 김경숙씨)는 권리의식을, 동료들과 "죽어도 같이 죽고 같이 간다"(화물트레일러 기사 윤정구씨)는 동지애를 얻기도 하였다. 방송국 구성작가들은, 비록 노동조합은 아니지만 작가협회를 만들어 방송국 내의 부당해고나 성희롱과 같은 문제들을 해결하는 데 일조했다. 아직은 노동조합이 조직되지 않은 직종에 종사하는 요구르트 판매원 성정미씨나 채권추심원 김영수씨 역시 미래의 투쟁을 통해 "권리를 하나씩 획득해 나가는" 변화를 기대하고 있다.

하지만 이런 변화는 쉬운 일이 아니다. 아직 노동권이 제도적으로 보장되지 않은 여건에서 사용자가 노조 활동을 인정하지 않거나 집요하게 탄압해 투쟁을 유지하기조차 어려운 경우가 허다하다. 더욱이 노조가 있어야 할 필요를 잘 모르겠다고 말하는 보험설계사 이정희씨의 얘기에서 잘 드러나듯이, 자신의 노동자성을 자각하지 못하는 경우도 많아 뭉치는 것도 어렵다. 그러다보니 지난 10여년 동안 많은 어려움 속에서도 일부 의식있는 특고노동자들의 헌신적인 노력에도 여전히 무권리의 현실은 그대로 지속되고 있다.

특고노동자들을 둘러싼 여건을 살펴보면, 변화의 전망은 그리 밝지 않다. 그들의 목소리는 아직 미약하기만 하고, 노동자성을 부정하는 사용자들의 힘은 강고하다. 노동운동과 시민사회 역시 영향력을 제대로 발휘하지 못하고 있다. 특수고용노동자들의 문제가 해결될 기미 없이 표류해온 지 어느덧 10여년이다. 이들을 사회적 취약집단으로 방치하는 것은 정부가 국가적 책무를 저버리는 일이며, 정치권이 경제민주화의 숙제를 회피하는 일이라 하지 않을 수 없다. 누구보다 열심히 노동하는 그들에게 '특수한' 신분을 강요하는, 시대에 뒤떨어진 제도와 관행을 고쳐야 할 때가 되었다. 이제는 '특수'라는 수식어가 붙은 그들에게 어엿한 노동자의 지위와 권리를 찾아주어야 할 때이다. 이것은 수많은 약자와 을(乙)들에게 희망을 안겨줄, 대한민국의 큰 숙제 중 하나이기도 하다.

사장님도 아니야 노동자도 아니야
특수고용노동자 이야기

초판 1쇄 발행/2013년 11월 5일
초판 3쇄 발행/2020년 11월 17일

지은이/이병훈 외
사진/박진희
펴낸이/강일우
책임편집/최지수
펴낸곳/(주)창비
등록/1986년 8월 5일 제85호
주소/10881 경기도 파주시 회동길 184
전화/031-955-3333
팩시밀리/영업 031-955-3399 편집 031-955-3400
홈페이지/www.changbi.com
전자우편/nonfic@changbi.com

ⓒ 이병훈 박진희 외 2013
ISBN 978-89-364-8584-9 03300